간접화행

간접화행

이준희 지음

머리말

이 책은 1999년 8월 한양대학교 대학원에 제출한 박사학위논문 〈국어의 간접 화행에 관한 연구〉를 고친 것이다. 현재까지의 간접 화행에 대한 연구는 이론 소개의 관점과 국어에 단편적으로 적용된 것들이 대부분이고 그나마 간접 화행에 대한 것은 몇 편의 논문이 대부분이었다. 그래서 이 책에서는 문장 어미를 중심으로 국어의 간접 화행에 대해 다음과 같이 포괄적이고 종합적으로 논의하고자 하였다.

첫째, 직접 화행과 간접 화행에 대한 모호한 정의를 구체화하였고, 문장 유형별 간접 화행의 양상을 살펴 보았다. 그 결과 질문문은 '질문, 명령, 진술, 청유'의 화행을, 명령문은 '명령, 진술, 청유'의 화행을, 진술문은 '진술, 질문, 명령, 청유'의 화행을, 청유문은 '청유, 명령, 진술'의 화행을 수행하는 것으로 나타났다.

둘째, 각각의 문장이 발화되었을 때 적정 조건과의 관계를 살펴 보았다. 그 결과 질문문은 적정 조건을 모두 만족시키지 못했을 때, 명령문은 모든 조건을 만족시키지 못했을 때 진술 화행을 수행하고 '예비 조건'만 만족시키지 못했을 때 청유 화행을 수행하였다. 진술문은 '본질 조건'만을 만족시키지 못했을 때 '질문, 명령, 청유'의 화행을 수행하였다. 청유문은 '성실 조건'을 만족시키지 못했을 때 '명령, 청유'의 화행을 수행하는 특징을 나타냈다.

세째, 간접 화행의 해석 과정을 고정성과 비고정성으로 나누어살폈다. 고정적 간접 화행은 고정 함축적이고 관용적인 경우가 많고 상황 비의존적이며 즉각적인 청자의 반응이 나타나는 특징을 보였다. 비고정적 간접 화행은 상황 의존적이며 청자의 반응이 즉각적이지 못한 특징을 보였다.

네째, 간접 화행의 기능을 긍정적 기능과 부정적 기능으로 살펴 보았다. 긍정적 기능은 '부담 완화'와 '대립 완화'의 기능이 있으며 부정적 기능으로는 '심리적 거리감 형성,' '부정적 정서 야기,' '불명확한 의사 소통' 따위가 있다.

　이 책은 본격적인 국어의 언어 행위론은 아니다. 다만 그 길로 가기 위한 하나의 흔적에 지나지 않는다. 본격적인 연구를 위해서는 '국어의 언어 행위론'이 시작되어야 한다. 이를 위해서 각 문장 유형별 화행에 대한 깊이 있는 연구는 앞으로의 할 일로 남아 있다.

　이 책이 나오기까지 많은 분들의 가르침과 보살핌이 있었다. 먼저 이 논문의 계획부터 논문의 체계, 내용, 표현법에 이르기까지 너무도 많은 가르침과 지시를 해주신 장경희 선생님께 깊은 감사를 드린다. 또한 국어 연구의 대상이 되는 자료의 정확성을 일깨워 주신 서정수 선생님, 국어 연구자로서의 자세를 가르쳐 주신 이명규 선생님, 꼼꼼한 국어학자의 눈으로 논문의 이곳저곳을 어루만지신 김흥수 선생님, 조심스럽게 학생의 마음을 헤아려 주신 이필영 선생님께 고개 숙여 감사를 드린다. 또한 대학 시절 국어학에 눈을 뜨게 하여 주시고 본보기가 되어 주신 김민수 선생님, 그리고 필자가 논문을 쓰는 동안 신경을 써주신 장세경 선생님과 김정수 선생님께도 감사를 드린다. 지금은 다른 곳에 계시는 박병채 선생님께는 드릴 말씀이 없을 정도로 고마운 생각뿐이다. 많은 대화로써 자료의 궁핍함에서 벗어나게 해준 선배, 후배, 동료도 잊을 수 없다. 누구보다도 필자의 입장에서 항상 지지자가 되어준 부모님과 장인, 장모 그리고 집에 있는 식구들에게 마음고생을 많이 주었다. 앞으로 갚아나갈 일이다. 그러나 갚을 길이 없는 할아버지 생각에 이르면 열심 또 열심히 해야 할 것이다.

　마지막으로 이 책을 내놓을 수 있게 허락하신 역락출판사의 이대현 사장님과 편집과 제작의 과정을 맡아 주신 직원들께도 감사를 올린다.

2000. 8. 15.

5층에 있는 조그만 터를 지키며

저자 적음

■ 목 차

제4장 간접 화행의 해석 과정 / 117

제1장 서 론

1.1. 연구 목적 및 방법

본 연구의 목적은 Austin(1962)과 Searle(1969)에서 제시한 언어 행위의 개념을 좀더 명확히 하고 이들이 제시한 적정 조건을 국어의 문장 유형과 연계시켜 간접 화행의 생산 측면을 살펴보고 이러한 간접 화행을 청자가 어떤 단계를 거쳐서 이해 또는 해석하는가를 살펴보는 것이다. 이를 통해서 우리말에 나타나는 간접 화행이 어떤 기능을 하며 그 특징은 무엇인지를 알 수 있을 것이다.[1]

    일반적으로 간접 화행은 Austin(1962)의 언어 행위론에 근거한 화행론에서 출발하였으며 발화 행위를 분석 대상으로 하여 화용론의 한 부분을 차지한다. Austin(1962)은 하나의 발화를 '언표 행위, 언

---

[1] 간접 화행이란 언어 보편적으로 존재하는 것이기에 우리말에 대한 간접 화행의 모습을 밝히면 자연스럽게 모든 언어에 적용 가능한 간접 화행의 기능이 파악된다는 점에서 본 연구의 의의가 있다. 다만 간접 화행의 수행 양상은 나라마다 다르게 나타난다.

표내적 행위, 언향적 행위'의 세 가지 유형으로 나누고[2] 화행론의 중심 연구는 언표내적 행위에 맞추어져야 한다고 주장하였다. 언표내적 행위는 화자가 언어를 사용하여 의도적으로 행하는 행위이며 언어 활동의 궁극적 목표인 의사소통 행위는 이 언표내적 행위로 구성되기 때문이다. 또한 이 연구에서 다루는 간접 화행도 언표내적 행위에 속하며 언표내적 행위의 개념을 통해 설명된다. 따라서 언표내적 행위는 언어 행위에 대한 이해와 설명에 기초를 제공한다고 본다.

이러한 언표내적 행위는 이론적으로 하나의 발화에서 하나씩만 나타나야 하지만, 실제 발화에서는 아래의 경우와 같이 그렇지 못하다.

	1차 화행	2차 화행[3]
(1) 철수를 도와줘라.	명령	명령
(2) 나 좀 도와 줄 수 있니?	질문	명령(요청)
(3) 나 좀 도와 주면 좋겠다.	진술	명령(요청)
(4) 내가 지금 도움이 좀 필요한데.	진술	명령(요청)

(1)은 명령문으로서 명령의 기능을 하고 있다. 그러나 (2)-(4)의 화행은 각각의 문장 종결 표지가 수행하는 화행만으로는 설명되지 않는다. (2)-(4)의 화자가 목표로 하는 화행은 명령 내지 요청의 화행이며[4], 이 목표 화행을 수행하기 위해 종결 표지에 의해 나타나는 질문이나 진술 기능을 이용하여 명령 화행이나 요청 화행 같은 2차 화행을 간접적으로 수행한다. 이런 간접 화행은 상황적인 요소가 그 해석에 많은 영향을 끼치는데 특히 (4)는 화용론적인 상황이 적절히 주어져야만 의사 전달이 이루어진다.[5] 곧 사회 문화의 소산인 언어 행위

---

2) Austin(1962)은 언표 행위를 '음성 행위, 표화 행위, 표의 행위'의 셋으로 나누었고 그의 제자 Searle(1969)은 '발화 행위, 명제 행위'로 나누었다. 이들의 차이에 대해서는 2장에서 살펴보았다.

3) '1차 화행'과 '2차 화행'은 각각 'primary speech act'와 'secondary speech act'에 해당한다.

4) 화자의 목표 화행은 Searle이 제시한 'illocutionary point'로 이해된다.

5) 이 경우는 대화 함축으로 설명이 가능하지만, 종결 표지만 놓고 볼 때는 종결 표지의 기능이 변화한 것이므로 화행의 변화라는 측면도 간과할 수

에서 정적인 진공 상태에서의 문의 형식과 문자적 의미에 의해 나타나는 '1차 화행'만으로는 (2)-(4)와 같은 '2차 화행'을 파악하기 어렵다. 그렇기 때문에 화행이 일어나는 환경에서의 '실제 발화 상황'을 분석 대상으로 하는 동적인 연구가 필요하며 그 가운데서 간접 화행은 대표적인 동적 연구 분야라고 할 수 있다.

간접 화행은 언어 형식이 수행하는 원래의 화행(1차 화행)과는 다른 화행(2차 화행)을 목표로 하는 화행이며 이를 실현하는 언어 형식들이 발달되어 있는 화행이다. 따라서 간접 화행을 이해하려면 다음과 같은 설명이 필요하다. 첫째, 특정 언어에서 화행을 수행하는 언어 표현 형식에 대한 명확한 범주 설정이 필요하다. 곧 언어 형식과 언어 내용의 일대일 대응의 추상적인 연계가 가능하다. 둘째, 언표내적 행위와 적정 조건에 대한 면밀한 고찰과 해석 과정이 설명될 필요가 있다. 화행 표지가 지닌 고유한 화행이 다른 화행을 수행하는 사실이 설명되기 위해서는 간접 화행의 상황이 분석되어야 한다. 이러한 분석을 위해서는 언어외적 상황을 언표내적 현상과 연계시켜야 하며 화행의 적정 조건이 분석되어야 하고 청자의 인지적 상황 곧 해석 과정이 분석될 필요가 있다. 셋째, 간접 화행을 수행하는 이유가 설명되어야 한다. 이것은 화자의 심리적 태도를 중심으로 살펴 볼 수 있고 동시에 간접 화행이 수행하는 기능에 대한 이해의 관점에서 접근될 수 있다. 이를 위해서 이 글에서는 간접 화행을 '적정 조건과의 관계, 간접 화행의 해석, 수행 기능'을 중심으로 살펴보며 발화 상황에서 나타나는 대화 자료를 중심으로 하는 발화문을 대상으로 하여 논의를 진행하겠다.

없다. 물론 전체적인 의미는 종결 표지만으로는 파악할 수 없고, 대화 상황, 어휘의 재해석, 종결 표지의 의도적 사용 따위가 고려되어야만 한다.

1.2. 논의의 구성

우리말의 간접 화행에 대한 모습을 살펴보기 위해서 이 글은 다음과 같은 순서로 기술될 것이다.

1장에서는 연구 목적과 국내의 간접 화행에 대한 앞선 연구를 살펴보겠다. 2장에서는 먼저 언어 행위를 '언표적 행위, 언표내적 행위, 언향적 행위'로 구분하고 이 가운데서 언표내적 행위를 어떠한 방식으로 하위 분류할 수 있는지를 보며 이러한 분류를 통해서 직접 화행과 간접 화행의 차이에 대해 살펴보겠다. 이러한 화행 및 간접 화행의 개념을 정립한 후 간접 화행에 관련된 Grice(1967)의 특정 대화 함축 이론과 Austin(1962)과 Searle(1975)의 화행 이론을 중심으로 하는 추리 이론과 Ross(1970)와 Sadock(1972)을 중심으로 하는 (확대)수행문 가설과 Sadock(1972)의 관용구 이론에 대해 살펴보겠다. 특히 이 글에서 주로 다루게 될 추리 이론에는 Searle(1975)의 추론 책략과 Gordon & Lakoff(1971)의 대화 공준과 Clark(1977)의 다리놓기 이론과 Leech(1983)의 암시 책략 및 공손의 원리가 있다. 3장에서는 국어의 질문문, 명령문, 진술문, 청유문에서 나타나는 간접 화행의 모습과 이러한 간접 화행이 문장 종결 표지로 나타나는 고유 기능의 적정 조건과 어떠한 연관성을 갖는지를 보겠다. 4장에서는 간접 화행을 비고정 간접 화행과 고정 간접 화행으로 나눈 후에 이들이 질문, 명령, 진술, 청유의 언표내적 힘이 어떻게 나타나는 지와 함께 간접 화행의 해석 과정에 대해 논하겠다. 5장에서는 간접 화행의 원인과 기능을 긍정적인 면과 부정적인 면으로 나누어 살펴보겠다.

1.3. 선행 연구

국어의 분석에서 화용론이 필요함을 보여준 논의들로는 백봉자(1975),

장석진(1975), 이희자(1984), 한길(1978), 조준학(1980) 등이 있고 국어의 간접 화행에 대한 연구는 김태자(1987)와 손세모돌(1989)에서 시도되었다. 이러한 경향은 Austin(1962) 이후 화행 이론적 접근을 더욱 확대시켰고 국어 연구에서도 한동안 이론적 측면에서나 국어 설명의 관점에서 모두 큰 주목을 받았다. 국어에서의 화행 이론과 간접 화행에 관한 선행 연구는 화행 이론 소개를 중심으로 하는 연구와 이러한 화행 이론을 국어에 적용하여 분석한 연구로 대별해 볼 수 있는데 이들 연구의 내용 및 성과를 먼저 살펴 볼 필요가 있다. 여기서는 이론 소개를 중심으로 하는 연구와 각각의 이론을 국어에 적용하여 분석한 연구로 구분하여 살펴보기로 한다.

(가) 이론 중심의 연구

언어를 행위의 관점에서 접근하는 이론은 먼저 Ross(1970)의 수행문 분석에 대한 소개에서 출발한다. 이홍배(1970)에서는 국어에서 수행문[6]을 설정하고 그 종류로서 서술, 명령, 의문, 제안의 수행문을 나누었다. 여기서는 추상적인 상위문을 심층 구조에 표시하고 화자, 청자 및 수행 동사를 써서 담화 장면을 문장의 기술에 최초로 적용한 Ross(1970)[7]의 가설을 한국어에 도입한 것으로 수행문의 분석에서 제시한 '서술, 명령, 의문, 제안' 따위를 수행문으로 보았으나 이것은 언표내적 힘과 관련된 사항과 혼동을 일으킨 것으로 이러한 점은 이희자(1984)에서 지적된 바 있다.

임홍빈(1975)에서는 화행이 논리학의 측면에서 접근되어 논리학의 역설과 수행문의 참과 거짓을 논하였다. 이들 가운데 진리치의 충

---

6) 이홍배(1970)에서는 영어의 'performative sentence'를 '이행문'이라고 하였으나 여기서는 학계의 대다수가 사용되는 것으로 보이는 '수행문'이라는 용어를 사용하였다.

7) Ross, McCawley, Lakoff 등의 생성 의미론자들은 통사 위주의 문법과는 다른 면을 보이는 화행 이론을 일반 문법 속에 포함시키려는 시도로써 Austin(1962)의 수행문 분석(performative analysis)을 그들의 이론 설명에 도입하였다.

돌이 일어나는 것을 적절성을 통해서 해결할 수 있다고 보았다. 곧 문장 의미가 적절하기 위해서 적절성이란 구체적인 외부 세계와의 충돌을 대전제로 해야함을 주장하였다. 일반적으로 '나는 거짓말쟁이이다'란 문장은 과거의 나와의 충돌 속에서 의미를 지니는 데 비하여 '나는 약속을 지키지 않을 것을 약속한다'류의 문장은 외부 세계와의 충돌을 일으키지 않고 또한 자신의 문장 속으로 포유될 수 없는 무한 포유의 무의성 또는 지식의 공허성으로 떨어졌기 때문에 적절한 문장이 못됨을 밝혔다.

화행 이론의 소개가 어느 정도 진행되면서 간접 화행 이론들이 소개 및 평가되기 시작하였다. 장석진(1975)은 간접 화행에 대한 화술 방법에 대한 논의를 하였고 성광수(1982), 이정민(1984) 등은 발화는 일정한 의도를 가지고 이루어지는 발화 행위의 단위라는 주장을 통해 화행론의 분석 대상에 대한 기초 개념을 제공하였다.

김창익(1984)은 간접 화행의 하나인 간접 요청을 설명함에 있어서 Grice(1975)의 대화 협력 원칙 이외에 Leech(1983)에서 제시된 공손의 역할이 반영된 요령의 격률(tact maxim)이 필요함을 주장하였다. 곽선연(1985)은 영어에서 나타나는 간접 화행에 대해서 협력의 원리와 대화 공준 그리고 (확대)수행 가설과 추론 책략이 지니는 문제점을 살피고 Searle(1969)의 적정 조건을 이용하여 간접 화행의 일반화를 시도하였다. 이은재(1993)는 간접 화행을 Grice(1975)의 협동 원리와 Leech(1983)의 암시 책략의 측면에서 접근하였고 특히 Morgan(1978)의 사용의 관례성이라는 개념을 중심으로 간접 화행에 대한 보충 설명을 하고 있다.

김기찬(1987)은 국내에서는 본격적으로 직접 화행과 간접 화행의 구별을 시도한 것으로 Gazdar(1981)의 영향을 받은 것으로 보인다. 김기찬(1987)에 의하면 직접 화행은 최소치의 맥락 요인을 지닌 것으로 Grice(1975)의 대화 격률에 유추한 관련성, 질, 양, 태도, 공손, 도덕성의 격률로 설명할 수 있으며 기본적으로 직접 화행을 문자적 의미의 추상적 실체로 규정하였다. 간접 화행은 최대치의 맥락 요인을 지닌 것으로 직접 화행이 수행되면서 간접적으로 수행되는 화행이며 표층 형태와 수행되는 비표현 화행과의 불일치성을 간접 화행의 결정 요인으로 보았다. 그러므로 직접 화행은 문자적 의미의 해석이 맥락에 좌우하지 않는 의미 해석이 가능한 것이며 간접 화행은 맥락 의존도가 직접 화행보다 큰 경우의 의미 해석을 지니는 것으로 정의하였다. 곧 직접 화행은 맥락 정보가 작용하지 않는 화행이며 간접 화행은 문장의 의미와 맥락적 정보가 상호 작용하여 일어나는 화행이라고 보았다.

간접 화행에 대한 반대 이론의 소개로는 장성은(1996)이 간접 화행이 일으키는 문제점과 그 해결을 시도하는 과정에서 문자적 힘 가설(Literal Force Hypothesis; LFH)을 포기하자는 주장을 하였다. 이러한 주장은 Gazdar(1981)에서도 보이는 것으로 '문자적 힘 가설'의 포기는 직접 화행과 간접 화행의 구분이 필요 없다는 것이다. 결국 LFH 포기 주장은 화행론에서 간접 화행을 인정하지 않는 것으로서 언어의 다양한 현상을 설명하기 힘든 문제점이 있다. 이러한 '문자적 힘 가설'의 포기 주장은 간접 화행의 관용구 이론과 비슷한 면도 있다. 그러나 관용구 이론은 간접 화행 표현의 대부분이 어휘 목록에 삽입되지 않는 경우가 발생한다는 문제점이 있지만 '문자적 힘 가설'을 포기하는 것은 아니라는 점에서 근본적인 차이가 있다.

(나) 적용 및 설명 중심의 연구

국어의 간접 화행에 대한 이론 적용과 설명은 간헐적으로 보이다가 김태자(1987) 이후부터 본격적으로 나타났으나 연구자마다 화행 및 간접 화행에 관련된 용어의 사용과 개념이 혼동된 상태에서 진행되었다.

황찬규(1980)는 연극 대본의 자료를 중심으로 화행의 형식 변화를 정중성의 관점과 서법 변동의 관점에서 접근하였지만 화행이나 간접 화행에 대한 정확한 이해 없이 진행된 것이다.

박영수(1981)는 국어의 화행 동사에 대한 본격적인 것으로 국어의 화행 동사를 '의식적 수행 동사'와 '통속적 수행 동사'로 나누어서 언어 행위의 고정성과 비고정성을 고려하였지만 세부적인 면에서는 '법 행위, 종교 행위, 사무 행위…'와 같이 고정적인 측면만을 대상으로 하였다.8)

이희자(1984)는 '-겠-'을 언표내적 효력으로 분석하면서 '-겠-'을 추정과 의도의 양상을 나타내는 서법 형태로 분석하고, 말할이가 명제문에 대해서 갖는 심적 태도를 나타내는 기능 표지로 보았다. 이를 위하여 언어 행위 이론과 수행문 가설을 통하여 '-겠-'이 사용된 문장의 상위문 설정이 가능함을 보였다. 특히 간접 언어 행위(=간접 화행)류에 사용된 '-겠-'과 관련된 설명에서 '좀'이나 '주다'라는 표현과 함께 사용됨을 보이고 간접 화행의 주된 기능이 표현의 정중함이며 정중함이 요청에 사용됨으로써 나타나는 효과에 대해서도 설명하였다. 이외에도 '-겠-'이 나타나는 서술, 의문, 명령, 감탄, 청유의 문장에 대해서도 함께 고찰하고 있다. 이희자(1984)는 기존 국어 연구에서 문법적 혹은 논리적인 접근으로는 해결하기 힘들었던 부분들을 화행 이론을 통해서 국어에 다양하게 적용시킨 본격적인 논문이라고 볼 수 있다. 이희자(1984)는 이홍배(1970) 이후 10년 뒤에 활성화되기 시작한 국어에 대한 화행론적 분석을 시도하였지만, 담화상의 용인성(acceptability)과 적정성(felicity)을 고려하지 않은 채 규칙들을 설정하였기 때문에 국어에는 보편적으로 적용하기가 어렵다는 점이 지적되었다.

장경희(1988)와 이종철(1993)에서는 Searle(1969:1975)의 방식을 따라서 지시 화행을 간접적으로 수행하는 방식으로 지시 화행의 적정 조건의 항목들을 이용하는 것에 착안하여 수사적 표현과 함축 표현에 대하여 분석하였다.

김태자(1987)는 화행 이론에 의해 발화를 하나의 행위로 보고 이 이론의 체계적인 정리와 그 분석 방법을 문학 작품에 적용시켜 국어학적 관점에서 문학 작품을 분석하였다. 또한 김태자(1986,1989, 1994)에서는 간접 화행의 범주를 구분하려는 노력을 보였고 아울러

---

8) 고정성과 비고정성은 이 책의 4장에서 다룰 것임.

대화 함축과의 구분도 시도되었다. 곧 좁은 의미의 간접 화행(ISA)과 대화적 함축으로서의 간접 화행(CISA)은 그 언표내적 행위가 언표 행위대로 수행되지 못하고 굴절을 일으킨다는 점은 같다고 보았다. 그러나 ISA로서의 간접 화행이 직접 화행의 명제 내용인 언어 구조를 바탕으로 발화되는 데 비해, 대화적 함축은 말해진 바가 아닌 그 너머로 재구조되는 추리와 함께 의미 굴절이 일어나는 점이 다르다고 보았다. 곧 대화적 함축은 어떤 발화가 지닌 직접 화행의 명제 내용과 무관하게 전달되고 이해된다. 이러한 내용은 간접 화행을 '좁은 의미의 간접 화행(ISA)'과 '대화적 함축이라는 성격을 지닌 간접 화행(CISA)'으로 나눈 것처럼 보이지만 실제로 같은 글에서 간접 화행과 대화적 함축을 뚜렷이 구분하였다. 곧 간접 화행과 대화적 함축의 특징을 보인 것이다. 그러나 김태자(1989)에서 특정 대화 함축에 대한 고찰 없이 대화 함축을 간접 화행과 구분한 점은 수정이 필요하다. 왜냐하면 축자적 의미를 지닌 화행이 직접적이라는 것과 축자적 의미를 기초로 한 비직접적인 방법으로 간접 화행을 이룰 수 있음에 비해 암시, 넌지시 비추는 말, 반어 등은 직접적이지 않은 동시에 일반적으로 말하는 요구나 명령의 수행을 위해 발화되는 간접 화행에 속하는 것들을 대화 함축에 포함하였기 때문이다. 그 이유로서 대화 함축으로써 그와 같은 간접 화행을 설명이 가능하다고 보았기 때문이다. 그러나 포괄적인 대화 함축으로는 설명이 가능할지는 몰라도 간접 화행으로 보았을 때보다는 설명적 타당성이 결여되었다. 또한 김태자(1989)는 화행을 '직접 화행'과 '간접 화행(=비직접 화행)'으로 구분하였다. 간접 화행은 다시 '좁은 의미의 간접 화행(ISA)'과 '대화적 함축으로서의 간접 화행(CISA)'과 '은유' 따위로 구분하였다. 그리고 정의하기를 좁은 의미의 간접 화행과 대화적 함축으로서의 간접 화행은 그 언표내적 행위가 언표 행위대로 수행되지 못하고 굴절을 일으킨다는 점은 같으나, 전자의 간접 화행이 직접 화행의 명제 내용인 언어 구조를 바탕으로 발화되는데 비해, 후자의 대화적 함축은 그 발화력으로의 직접적 화행의 명제 내용에 의지함이 없이 곧 말해진 바가 아닌 그 너머로 재구조되는 추리와 함께 의미 굴절이 일어나는 점이 다르다고 보았다. 아래의 표는 그 점을 나타내는 것이다.

	명제 내용	언어 구조	언표-언표내적 동의성	회로(의미추리) (해석 단계)
직접 화행	○	○	○	×
간접 화행	○	○	×	단회로
대화 함축	×	×	×	복합회로

이들 사이의 변별성의 기준으로 제시한 것은 다소 추상적이어서 명확한 기준으로 보기가 어렵다. 첫째로 명제 내용을 가지고 간접 화행과 대화 함축을 구분하였는데 뒤에서 논하게 될 고정적 간접 화행의 경우에는 해당되지만 비고정적 간접 화행의 경우에는 명제 내용만으로는 대화 함축과 구분할 수가 없다.9) 둘째로 언어 구조의 유추에 의해서 간접 화행과 대화 함축을 구분한 것도 그 기준이 명확하지 못하다. 왜냐하면 간접 화행의 경우에도 구조 유추가 불가능한 경우가 많기 때문이다. 셋째로 언표내적 기능의 동일성을 기준으로 ISA와 CISA를 구분하였다. 그러나 대화 함축에서는 동일한 언표내적 화행을 수행하면서도 의미만 다른 경우가 많으므로 이 역시 수정되어야 할 것이다. 넷째로 의미 해석의 단계에 따라 간접 화행과 대화 함축을 구분하고 있는 것도 일반적인 간접 화행에서도 얼마든지 다단계를 거치는 해석이 있으므로 이 부분은 복합 단계의 정도성 문제일 것이지 단회로나 복합 회로와 같은 단계별 해석에 의해 ISA와 CISA가 구분되지 않는다. 특히 간접 화행을 단회로의 해석 단계로 본 것은 관용성을 지닌 간접 화행의 경우인 고정적 간접 화행에만 해당된다.10)

---

9) 간접 화행의 고정성을 지닌 '고정적 간접 화행'과 비고정성을 지닌 '비고정적 간접 화행'으로 나눌 수 있다. 전자는 한 발화의 화행이 고정적이어서 청자가 의사소통에서 이해도가 빠른 반면, 후자는 한 발화가 수행하는 언표내적 행위가 일정하지 못하여 발화 상황 같은 언어 주변 현상에 의존하여 해당 발화가 수행하는 언표내적 행위를 파악하여야 한다. 이에 대한 자세한 논의는 이 책의 뒷부분에서 있을 것이다.
10) 간접 화행의 복합 회로의 해석 단계는 이 책의 4장 '비고정 간접 화행의

손세모돌(1989)은 서법을 중심으로 간접 화행에 대해 다루고 있다. 서법 변화에 의한 간접 화행들의 특징으로 상보적 분포를 들고 있으며 개인과 대중 또는 어린이와 일반에 대한 간접 화행의 구현 방식이 다름을 밝혔다.

이영래(1992)는 간접 화행을 감정적인 의도를 가진 언어 행위로 보고 사용 목적을 효과적인 의사 소통을 가능하게 하는 대인 관계 설정에 두고 있다. 한편 간접 언어 행위의 기능을 효과적인 대인 관계 설정의 관점에서 접근하였으며 보편적인 인지 장치로서 대화 원칙과 대인 원칙을 설정하고 간접 화행은 이들 원칙을 어김으로써 인지되는 것으로 보았다.11)

장석진(1993)은 국어의 화행 동사를 '판정, 평서, 언약, 전달, 정표, 지시, 질문, 행사' 행위를 중심으로 나누었다. 이러한 분류는 주로 Austin(1962)과 Searle(1969)을 기준으로 국어의 화행 동사를 자세히 제시하였지만 언어 행위의 고정적 측면(convention)과 비고정적 측면(nonconvention)을 소홀히 다루었다.

정재은(1994)은 국어에서 나타나는 간접 화행의 양상을 본격적으로 다룬 것으로 보인다. 여기서는 간접 화행을 화자와 청자 간의 관계, 화자의 의도 및 태도, 상황, 배경, 관례적인 것 따위를 화용론적인 측면에서 고찰하였다. 특히 국어의 간접 화행을 서법 어미(modality)와 운소를 고려하여 '(1)-좀-, (2)왜+부정의문형, (3)가능여부 의문형, (4)원망형 서술, (5)허락(승낙)여부 의문형, (6)상황묘사 서술형, (7)비단정 서술형, (8)서술형 의문, (9)서술형 명령, (10)의문형 명령, (11)운소에 의한 수행 형태' 등을 중심으로 분석하였다. 또한 간접 화행의 의미 전개와 언표내적 힘(=발화력)을 '명령, 공손,

---

해석 단계'에서 다룰 것이다.

11) 대화 원칙은 Grice(1975)의 대화 협력의 원칙(Conversational Cooperative Principle; CP)을 말하는 것이고 대인 원칙(Interpersonal Principle; IP)은 이영래(1992)가 설정한 것이다. 이영래(1992)는 대인 원칙의 준수와 파기에 따라 간접 화행이 지니는 정중성의 정도 문제를 설명하고 있다.

요청, 분노, 질책, 의문, 비꼼, 권유, 경고, 통고, 제의, 관용 표현, 완곡 표현, 익살, 감탄'의 15가지 상황으로 나누어서 각 상황에서의 간접 화행의 수행 양상이 논의되었고 그 기능이 언급되었다.

이성영(1994)은 화행을 수행하는 방식을 크게 직접 화행과 간접 화행으로 나누고 직접 화행이란 해당 화행을 나타내기 위해 관습적으로 마련된 언어 형식을 사용하여 수행하는 것으로 보았다. 예를 들어 '명령'이라는 화행을 수행하기 위해서 명령형 종결어미인 '-어라'를 사용한다든지 혹은 '명령하다'라는 동사를 사용하는 경우가 해당된다. 반면에 간접 화행이란 수행하고자 한 화행을 직접적으로 나타내지 않고, 다른 화행을 수행하는 표현을 발화함으로써 간접적으로 수행되도록 하는 것으로 보았다.12) 곧 청자에 대한 태도를 표현하는 방식을 주로 간접 화행 현상으로 보았다.13) 그러나 청자에 대한 태도와 관련하여 화자는 '지시 화행, 진술 화행, 질문 화행, 언약 화행'을 통하여 다양하게 표현하며 이들을 표현하는 방식은 각 화행의 적

---

12) Searle(1975)에서는 의도한 화행을 기본적 화행(primary illocution-ary act)이라 하고, 의도한 기본적인 화행을 수행하기 위해 수단으로 사용된 화행을 부차적 화행(secondary illocutionary act)이라고 하였다. 다만 이 책에서는 명칭을 전자는 '1차 화행' 후자는 '2차 화행'으로 한다. 그런데 Leech(1983: 36-40)에서는 Searle의 간접 화행 개념이 불필요하다고 한다. 그는 목표와 수단(ends-means)의 관점에서는 모든 발화가 간접적이므로, Searle의 간접 화행은 Grice(1967)류의 함축의 일종으로 보았다. 이종철(1993)도 간접 화행을 함축의 일종으로 파악하고 있다. 그러나 이 글에서는 여전히 간접 화행의 개념은 유용한 것으로 본다. 간접 화행이라는 말에서는 '1차 화행(=기본적 화행)'이 실제로 전달하고자 하는 주된 것이며, 이를 간접적으로 전달하기 위해 '2차 화행(=부차적 화행)'을 지니는 표현을 사용한다는 측면이 포착이 되지만, 이것을 함축 의미로 처리 할 때에는 표현이 갖는 명시적 의미가 주가 되고 함축의미는 부수적인 것으로 파악될 우려가 있기 때문이다. 간접 화행이라는 용어가 화자 혹은 표현의 측면에 보다 잘 부합하는 것으로 보인다.

13) 청자에 대한 태도를 간접적으로 표현하는 방식은 각 화행을 성립시키는 적정 조건의 각 항목의 내용을 언급하거나 질문함으로써 발생한다. 이러한 각 항목의 내용을 언급하거나 질문하는 원칙을 이 글에서는 Searle (1975)을 좇아서 '일반화 원칙'이라 한다.

정 조건의 항목들과 연관시켜 분류하는 것이 가능하다고만 했을 뿐 이에 대한 자세한 사항은 언급이 없다. 그런데 '임명, 파면' 등의 행사 화행, '축하, 인사, 애도' 등의 정표 화행 그리고 '말하다, 강조하다' 등의 전달 화행의 경우는 간접 표현의 방식이 거의 발견되지 않는 것으로 보고 '정표 화행, 전달 화행'을 제외한 다른 화행을 중심으로 간접 화행을 다루었다.14)

　　이상의 선행 연구에서 나타난 바는 간접 화행과 관련되는 이론 소개의 연구와 각각의 이론을 국어에 적용한 연구의 두 가지 방향으로 볼 수 있다. 여기서 드러나는 문제점은 간접 화행과 관련된 용어 및 개념 혼란을 들 수 있고 언표내적 행위를 분류한 기준을 제시한 것이 없다는 점, 그리고 더욱 중요한 것은 직접 화행과 간접 화행의 정확한 개념이 없이 연구자 나름의 기준을 적용하여 연구자마다 서로 다른 기준을 제시만 할 뿐 공통적인 기준이 없다는 것이다. 그러므로 다음 장에서는 간접 화행에 대한 연구로서 선행되어야 할 화행의 유형과 언표내적 행위에 대한 분류와 직접 화행과 간접 화행에 대한 개념에 대해 살펴보겠다.

---

14) '정표 화행'은 화자의 감정적 정서를 주로 나타내기 때문에 간접적으로 전달하면 상대방이 잘못 이해하는 수가 많기 때문에 일반적으로 간접 화행의 모습을 찾기 힘들며 '전달 화행' 역시 화자의 의지를 명확히 상대방에게 전달하려는 목적이 있으므로 간접 화행으로 실현된다면 상대방에게 화자 자신의 의지를 전달하는데 실패할 가능성이 높기 때문에 '전달 화행'과 '정표 화행'은 간접 화행으로의 실현이 어렵다고 본다. 그러나 이러한 두 화행의 간접적 사용이 아주 없지는 않다는 점은 밝혀둔다. 단지 실제 생활에서 이들을 간접적으로 사용하면 오해의 여지가 많기 때문에 화자와 청자는 서로의 대화에서 이 둘의 간접적 사용을 되도록 자제하는 것으로 파악된다.

제2장 화행 유형과 간접 화행 이론

간접 화행은 화행 가운데서도 언표내적 행위의 관점에서 논의된다. 곧 어떤 언표내적 행위가 다른 언표내적 행위로 어떻게 이동되는지가 설명되어야 하는데, Austin(1962)이 적정 조건을 도입한 이후에 화행에 대한 여러 가지 분석이 제안되었다. 그 가운데서도 특히 Grice(1967) Searle(1969, 1975), Gordon & Lakoff(1971), Sadock(1974) 등은 각각의 독특한 방법을 가지고 이러한 언어 현상을 분석하였다. 여기서는 Austin(1962)과 Searle(1969)의 화행 이론 그리고 Grice (1967)의 대화 함축 이론과 협동의 원리 그리고 Ross(1970)의 수행문 가설의 세 가지 일반 이론과 간접 화행을 직접적으로 다룬 추리 이론(추론 책략, 대화 공준, 특정 대화 함축, 다리놓기 이론, 암시 책략)과 관용구 이론을 중심으로 각각의 이론들이 지니는 장점과 단점에 대해서 살펴보겠다. 이와 관련지어서 먼저 화행과 관련된 각종 개념에 대한 용어상의 문제와 이들에 대한 정의부터 알아보겠다.

2.1 화행의 유형

2.1.1. 언어 행위의 구분

발화를 행위의 관점에서 이해한 Austin(1962)[15]은 화행(Speech Acts)을 '언표 행위, 언표내적 행위, 언향적 행위'의 세 가지 유형으로 나누었다. 특히 언표내적 행위는 화자가 의사 소통에서 언어를 통하여 수행하려는 의도적인 행위로 이해되어 왔다.

이론적으로 하나의 발화는 하나의 언표내적 행위를 수행하나, 일반적으로 언어 형식이 수행하는 화행 외에 둘 이상의 화행을 수행한다. 예를 들면 (1)에서는 질문문이 질문 화행을 수행하지 않고 명령 화행을 수행할 수 있고 (2)에서는 명령문이 명령 화행을 수행하지 않고 진술 화행을 수행할 수 있다.[16]

(1) ㉠ 문 좀 열면 어떨까?
    ㉡ 물 좀 주시겠습니까?
(2) ㉠ 잘 먹고 잘 살아라.
    ㉡ 계속 떠들어라.

한편 Austin(1962)은 언어 행위를 화자의 언표내적 의도에 대한 청자의 인식을 이해력의 확보(securing of uptake)라는 측면에서

---

15) 카르납, 헴펠 등과 같은 논리실증주의자들은 과학 언어의 구조 해명을 위해 많이 노력했으며 후기 비트겐쉬타인과 오스틴을 비롯한 일상언어 학파의 철학자들은 일상 언어의 성질과 그 논리의 구조를 해명하는 데 주력하였다(이명현(1975)에서 재인용).

16) 문자적 힘 가설을 부정하는 입장에서는 언표내적 힘은 전적으로 직접적인 대응 관계에 놓여 있지 않은 까닭에 간접 화행도 없고 간접 화행의 문제점도 존재하지 않는다. 간접 화행을 부정하는 대표적인 것은 '문맥 변화 이론(context change theory)'이 있고 이 이론은 화행을 문맥에서의 작용(operation) 곧 문맥으로부터 문맥으로의 함수로 보는 것이다. 그러므로 간접 화행과 관련된 모든 이론은 문자적 힘 가설에 의존한다.

보았다. (3)에서 보듯이 이해력의 확보 없이는 화자의 언표내적 행위는 실패하게 된다.

> (3) "언어 행위는 상호주관적인(intersubjective) 현상이기 때문에 화자가 청자로 하여금 자신의 언표내적 의도들을 인식시키지 않는 한 어떠한 언어 행위도 성공적으로 수행될 수 없다. '저 들판에 황소가 있다'는 말을 청자가 자연 애호가의 발언 정도로 간주해 버린다면 이 말은 경고로서 성공적이라고 평가할 수 없다. 다시 말해서 만약 청자가 내가 한 말을 듣고도 그것을 특정한 의미로 받아들이지 않는다면 화자인 나는 청자인 그에게 경고했다고 할 수 없을 것이다(Austin 1962)."

(3)에서 우리는 언어 행위를 '언표적 행위,' '언표내적 행위'와 '언향적 행위'로 세분하게 되는 근거를 찾을 수 있고 이들 세 용어에 주목할 필요가 있다. 이들 용어들은 Austin(1962)의 화행론이 시작되면서부터 나오기 시작하고, 이들을 구별짓는 것부터 힘든 작업의 시작이 된다. 이러한 구분 작업을 위해서 Searle(1969)은 Austin(1962)의 '언표적 행위'를 '발화 행위'와 '명제 행위'로 구분하여 언표 행위를 세분화한 것으로 알려졌지만 이것은 Austin(1962)에서 제시된 '음성 행위, 표화 행위, 표의 행위'에 대한 인식이 없이 사용된 것으로 보인다. 그러므로 본 연구에서는 선행 연구와 마찬가지로 Austin(1962)은 언어 행위를 세분화했다고 보며 Searle(1969)는 Austin(1962)의 이론을 통합하여 발전시킨 것으로 본다.17) 그러므로 이 장에서는 두 사람의 이론을 중심으로 언어 행위에 대한 논의를 하겠다.

먼저 Austin(1962)의 언어 행위에 대한 구분을 좀더 상세히 살펴보겠다. 첫째로 언표 행위는 '문을 좀 열어주시겠습니까?'라는 문장을 발화하는 것이다. 둘째로 언향적 행위는 이러한 발화에 의해 하나 이상의 결과 이를테면 청자가 문을 열게끔 하거나 청자를 짜증나게 하거나 책을 읽고 있는 어떤 사람의 주의를 흐트러뜨리는 결과를 일

---

17) 이후로 많은 학자들이 언어 행위의 분류를 시도하였으며, 아울러 언표 내적 행위에 대한 분류도 시도하였다.

으키는 것이다. 셋째로 언표내적 행위는 앞의 두 행위 사이에서 이루
어지는 어떤 일 곧 어떤 사람에게 문을 열어달라고 요구하는 일과 발
화 행위를 동시에 행하는 것이다. 여기서 언표내적 행위는 어떤 결과
와의 본질적인 관계로 인해서 문장의 발화란 현상의 영역을 벗어나는
언향적 행위와는 달리 문장을 발화하는 현상과 분리해서 생각할 수
없는 행위를 말한다.

언표적 행위는 다시 '음성 행위(phonetic act), 표화 행위(phatic
act), 표의 행위(rhetic act)'의 셋으로 하위 분류된다(Austin 1962:
94-101). '음성 행위'는 어떤 소리를 발성하는 행위이고 '표화 행위'
는 어떤 낱말을 일정한 문법에 따라 발화하는 형태 통사적 측면의 행
위이고 '표의 행위'는 한정된 의미(sense)와 지시(reference)를 가지
고 그 낱말들을 사용하는 수사적 측면의 행위를 말한다. 그러므로 언
표적 행위는 음성 행위, 표화 행위, 표의 행위를 동시에 지니는 것으
로 의미를 지닌 문법에 맞는 문장의 발화 행위로 볼 수 있다.

이와 같은 Austin(1962)의 발화 행위 이론은 발화를 중심으로
하는 전기의 이분법적 분류와 행위를 중심으로 하는 후기의 삼분법적
분류로 나누어 볼 수 있다.

(4)

이분법	발화	수행 발화		
		단정 발화		

▼

삼분법	발화 행위	언표 행위	음성 행위(phonetic act)	
			표화 행위(phatic act)	형태 통사적 측면
			표의 행위(rhetic act)	수사적 측면
		언표내적 행위	명시적 수행 발화	
			비명시적 수행 발화	
		언향적 행위		

다음으로 위와 같은 Austin(1962)의 분류에 대해 Searle(1969)
은 Austin(1962)의 이론과 모형에 수정을 가해 언표 행위(locution-

ary act)를 둘로 나누어 다음과 같은 네 가지 화행을 제시하였다.18) 이러한 구분은 Austin(1962)과 비교했을 때 표화 행위에 해당하는 형태통사적 측면에 대한 고려가 없다.

---

18) 이러한 Searle(1969)의 이론을 이해하기 위해서는 문장 의미와 발화 의미의 차이를 구분한 것을 이해하여야 한다(Searle. 1975. 59-60). "In hints, insinuations, irony and metaphor - to mention a few examples - the speaker's utterance meaning and the sentence meaning come apart in various ways. One important class of such cases is that in which the speaker utters a sentence, means what he says, but also means something more. For example, a speaker may utter the sentence 'I Want you to do it' by way of requesting the hearer to do something. The utterance is incidentally meant as a statement, but it is also meant primarily as a request, a request made by way of making a statement. In such cases a sentence that contains the illocutionary force indicators for one kind of illocutionary act can be uttered to perform. In addition, another type of illocutionary act. There are also cases in which the speaker may utter a sentence and mean what he says and also mean another illocution with a different propositional content. For example, a speaker may utter the sentence 'Can you reach the salt?' and mean it not merely as a question but as a request to pass the salt.("암시, 넌지시 비추는 발화, 반어 및 은유 같은 경우에서도 볼 수 있듯이 화자의 발화 의미와 문장 의미는 다양한 방법으로 구분된다. 그런 사례의 한 가지 주요 부류는 화자가 발화할 때 그가 말하는 것 이외에 더 많은 것을 의미할 수가 있다는 것이다. 이를테면 화자는 '난 네가 그것을 하길 원해'라는 문장을 듣는이가 뭔가 하려는 욕구의 한 방법으로서 발화할 수 있다. 그 발화는 무심코 하나의 진술이 될 수도 있지마는 또한 한 진술을 말하는 방법으로 표현된 하나의 요구로서 의도된 것일 수 있다. 그 경우에 한 종류의 언표내적 행위를 위한 발화력의 지시어를 함유하고 있는 한 문장이 부가적으로 다른 유형의 언표내적 행위를 수행하도록 발화될 수 있다. 또한 화자가 한 문장을 발화하고 그가 말하는 바를 뜻하고 다른 명제적 내용을 지닌 또 다른 암시를 표하는 경우의 사례도 있다. 예를 들어 화자가 '소금 통에 손이 닿을 수 있는가?'라는 발화를 할 때 그것은 하나의 질문일 뿐만 아니라 소금 통을 건네달라는 요구로서 의도된 것일 수 있는 것이다.")

(5) Searle(1969)의 언어 행위 분류

사분법	발화	언표 행위	발화 행위
			명제 행위
		언표내적 행위	명시적 수행 발화
			비명시적 수행 발화
		언향적 행위	

(5)에서는 '언표적 행위'가 '발화 행위'와 '명제 행위'로 구분되고 있다. '발화 행위'란 인간의 입에서 나오는 어떠한 소리에라도 해당되는 것이며 '명제 행위'는 의미를 지니는 행위를 말하는데 발화가 있다는 것이 전제된다. 그러므로 '언표적 행위'란 이 두 행위를 합한 것으로 이해되며 인간에 의해서 발생되는 소리 가운데 의미를 지니는 것을 지칭하게 되므로 이를 확대 적용하면 언어학의 기본적 대상이 되는 것으로 이해된다. 다시 말해서 언표적 행위는 특정한 형태와 그리고 다소 한정된 의미를 지닌 발화를 의미하는 것으로 일정한 뜻을 가진 문장을 발화하는 행위이며 표면 구조에서 나타나는 문자 그대로의 (literal) 의미를 전하며 단순히 언어적인 추측만을 할 뿐이다. 예를 들면 '눈이 올 것이다'와 '눈이 오겠다' 따위는 맥락적 고려가 전혀 없이 어휘가 지니는 기본 의미에 충실한 문장 의미만을 전달할 뿐이다.

'언표내적 행위'란 어떤 문장의 발화를 통해 진술, 명령, 질문, 청유 따위의 언표내적 힘을 갖는 경우를 말한다. 곧 어떤 문장을 발화할 때 이 발화문이 지니는 명시적 수행 해석에 포함되어 있는 고정적 또는 비고정적 말힘(force)에 의해 드러나는 '진술 화행, 명령 화행, 질문 화행, 청유 화행' 따위를 가리킨다. 이러한 언표내적 행위는 언표적 행위와는 달리 특정 발화가 지닌 수행력에 의해 직접 달성되며 명시적 수행문을 포함하는 언표내적 힘 지시 장치(Illocutionary Force Indicating Device; IFID)[19] -곧 어순, 강세, 억양, 구두

---

19) Searle(1998)에서는 '언표내적 행위 목표(illocutionary point=언표
    내적 목표)'라는 개념을 도입하였는데, 이것은 '언표내적 힘 지시 장치
    (IFID)'와 함께 '화행(speech acts)'에 중요한 개념일 뿐 아니라 '언표

점- 따위와 함께 나타난다. 그러므로 언표내적 행위는 언표내적 힘(F)과 명제(P)로 구성된다.[20] Searle(1969)에서 제시된 '언표내적 힘 지시 장치'는 Austin(1962)에서 제시된 형태통사적 측면의 '표화 행위'라는 단순한 행위에 해당되지만, Searle(1969, 1975)는 언표 내적 행위를 드러내는 문법적 표지로 이해하였다.[21]

내적 행위'를 분류하는 기준이 될 수 있다. 김갑년(1999)은 point를 '목적'이라고 보았으나 '목적'은 '목표'보다 큰 개념으로 사용된다고 본다. 그러나 이 책에서는 언어 행위의 목적이 의사 소통이라고 보기 때문에 필자는 'point'의 옮긴말로는 '목표'가 적합하다고 본다. 다음은 Searle(1998:147-148)에 나오는 'illocutionary point'와 관련된 내용이다.

".... Because, as we saw, the structure of the illocutionary act is F(p), where the F marks the illocutionary force and the p marks the propositional content, the question "How many types of illocutionary acts are there?" is the same question as "How many types of F are there?" ...... One way to overcome this problem is to try to focus on certain common features. To do this, I need to introduce the notion 'illocutionary point'. The illocutionary point of a speech act will be its point or purpose in virtue of its being an act of that type. ...... The notion of illocutionary point is the notion of what an utterance counts as, as determined by the constitutive rules of speech acts. Thus, performing illocutionary act is imposing a type of status function(... 언표내적 행위는 F(p)로 나타낸다. 여기서 F는 언표내적 힘이고 p는 명제 내용을 의미한다. 따라서 "언어에는 얼마나 많은 유형의 언표내적 행위가 있는가?"라는 질문은 "얼마나 많은 유형의 F가 있는가?"라는 질문과 마찬가지 의미를 지닌다. ... 이러한 의문을 풀기 위해서 몇몇 보편적인 자질에 관심을 가져야 할 것이다. 이를 위해 여기서는 '언표내적 목표'라는 개념을 소개하고자 한다. 언어 행위에서 '언표내적 행위 목표'는 행위를 유형화할 수 있도록 해주며 유형화의 중심 개념이 될 것이다. ... '언표내적 행위 목표'라는 것은 언어 행위의 구성 규칙에 의해 결정되기 때문에 발화를 어떤 행위로 간주되도록 해주는 개념이다. 그러므로 어떤 언표내적 행위를 수행한다는 것은 상태나 상황을 결정짓는 요인들 가운데서 일부 요인이 관련된 것으로 이해될 수 있다.").

20) F(p)로 나타낸다.
21) 한편 Davis(1979)는 competence와 performance의 구분이 언표내적

(6) ㉠ 길이 미끄러워요.
    ㉡ 대문 앞에 불독 한 마리가 있어요.
    ㉢ 댁의 주소를 잘 모르겠습니다.

(6)㉠은 '길이 미끄럽다'는 언표적 행위와 함께 '길이 미끄러우니 넘어지지 않도록 조심하라'는 주의를 주는 경고의 언표내적 행위를 수행한다. (6)㉡은 단순히 대문 앞에 개가 있다고 말하는 언표적 행위를 수행한다기보다는 개가 있으니까 조심하라는 경고의 언표내적 행위를 수행하는 것으로 보는 것이 옳다. 따라서 (6)㉠과 (6)㉡은 진술 화행이라는 같은 화행을 수행하듯 보이지만 세부적으로 진술 화행과 경고 화행의 두 가지 화행을 수행하고 있는 것이다. 이와는 달리 (6)㉢은 상대에게 부담을 주기 쉬운 질문 형식 대신에 진술문을 통한 질문 화행을 수행한 것이다. 곧 상황에 따라 (6)㉢은 '댁의 주소가 어딥니까?', '댁의 주소를 알려 주십시오.' 같은 질문이나 요청 화행으로 이해된다.

이러한 점은 Searle(1975)에서도 나타나는데 그는 언표적 행위

행위(illocutionary acts)의 기술에서도 성립할 수 있다는 입장에서 다음과 같이 말하고 있다(황적륜 1986:42에서 재인용).

The distinction between competence and performance used in linguistics can, I believe, be generalized to any behavior which requires as part of its explanational appeal to the knowledge of the organism which governs that behavior... .

The distinction between competence and performance can be applied to illocutionary acts. To perform an illocutionary act a speaker must know the rules constitutive of the act and apply them on a particular occasion appropriate for their use. A speech act theorist, then, in specifying the rules constitutive of illocutionary acts is describing the speaker's illocutionary act competence. Correspondingly, there must be a theory about how these rules are used on particular occasion, that is, a theory of the performance of these acts which would fall, perhaps, within the domain of psychology (pp501).

와 언표내적 행위를 문장 의미와 발화 의미의 차이로 이해하고 있음을 알 수 있다.

    (7) 지금 몇 시인지 알아요?
    (8) 커피를 마시면 난 잠이 안 와.

(7)의 화자는 명시적으로 청자에게 시간을 물었지만 암시적으로는 '시간이 늦었으니 돌아가자'는 뜻을 지닐 수도 있다. (8)의 화자는 명시적으로는 커피의 효과를 말하고 있으면서 암시적으로 '커피를 마시겠냐'는 제안을 거절하거나 그런 제안이 나오지 않도록 선수를 치는 것일 수도 있다. 곧 (9)에서 보듯이 같은 발화 행위도 상황에 따라 언표적 행위로 또는 언표내적 행위로 나타날 수 있다. 중요한 것은 화자의 의도와 청자의 인지가 제대로 연결되어 청자의 반응 발화에 화자의 의도가 나타났느냐 하는 것이다. 이를 도표로 보이면 다음과 같다.

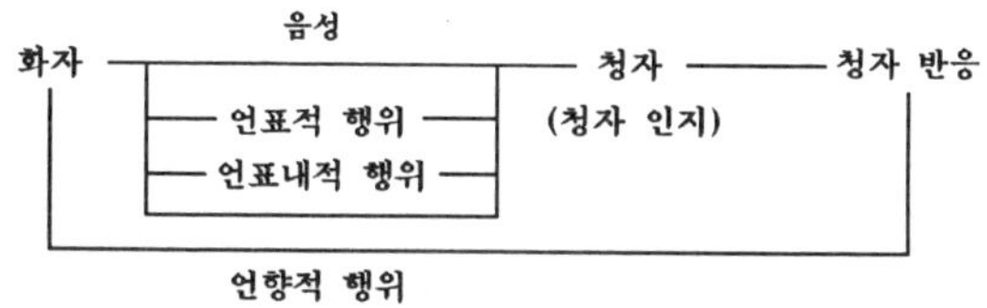

(9)언어 행위와 청자 인지의 관계

    화행론에서는 언어 사용을 반드시 수반하지 않는 언향적 행위와 언어 사용이 화행의 핵심인 언표내적 행위를 구별한다.22) 언향적 행

---

22) 용어 문제와 관련하여 곽강재(1992)는 Alston(1964)을 번역하는 과정에서 세 행위의 용어상의 번역 문제를 제기하였다. 번역서에서 사용된 것은 '발언 행위, 수행 행위, 성취 행위'인데 가장 중요한 것은 'illocutionary act'에 대한 번역어로 'il-'은 본래 'in'이 'l' 앞에서 동화 현상을 일으킨 것이므로 종래의 '비언표적 행위'는 오역이고 '언표내적 행위'는 올바른 직역이지만 의미 전달에 모자람이 있음을 지적하였다. 아울러 '약속하다'라는 것은 화자가 청자가 약속하는 행위를 언급한 것

위는 발화 상황의 특수성에 따르는 것으로 발화를 함으로써만 관습적
으로 성취되는 것이 아니라 화자가 의도한 것, 의도하지 않은 것, 결
정적인 것, 비결정적인 것을 포함한다. Austin(1962)도 언향적 행
위와 언표내적 행위의 경계가 분명하지 않음을 인정하면서 발화의 언
표내적 힘을 명시적 수행문으로 풀이할 수 있으면 언표내적 행위로,
그렇지 못하면 언향적 행위로 보고 이 둘의 구분에 큰 관심을 쏟았다
(Alston 1964). Austin(1962)에서도 '언표내적 행위'와 '언향적 행
위'에 대한 구분이 강조되었다. 이 두 유형의 행위를 명확히 구분하는
일은 언표내적 행위의 논의에 필요한 일이기도 하다. 두 행위의 구분
은 (10)과 같은 동사와 동사구를 통해서 설명되기도 한다.

(10) '언표내적 행위'와 '언향적 행위'에 해당하는 동사들(Alston 1964)[23]

(언표내적 행위)	(언향적 행위)
보고하다	X로 하여금 …을 배우게 하다
알리다	설득하다
예측하다	속이다

인데 '이행 행위'라고 하면 이미 약속했던 내용대로 실행한다는 뜻이므
로 원래의 의미에서 벗어난 오역으로 처리하고 '수행 행위'가 옳은 번역
이라고 하였다. 이런 의미에서 그는 'locutionary act'는 '발언(언어)
행위,' 'illocutionary act'는 '수행(언어) 행위,' 'perlocutionary act'
는 '성취(언어) 행위'로 번역하였다. 현재 국내에서는 'illocutionary
act'를 박영수(1976), 김태자(1983)는 비표현 행위라고 하고 장석진
(1984)은 '발화 수반 행위'라고 하고 이정민(198 4), 이건원(1987)
은 '언표내적 행위'라고 번역하고 있다. 그러나 'performative verb'가
'수행 동사'로 정착되었기 때문에 본 연구에서는 'illocutionary act'에
대해 '수행 행위'라는 용어는 피하겠다. 한편 'locutionary act'를 '발화
행위'라고 하면 'utterance act'와 혼동되므로 '언표 행위'로 사용하고
'illocutionary act'는 'locutionary act(언표 행위)'와의 통일을 기하
는 의미에서 '언표내적 행위'로 'perlocution act'는 '언향적 행위'로 통
일하여 사용한다.
23) 여기서 제시된 언향적 행위에 해당되는 동사들에는 국어의 사동 표현이
　　많이 있는데 이것은 언향적 행위가 주로 청자가 중심이 되는 점과 일치
　　한다. (10)에 제시된 언표내적 행위와 언향적 행위에 관련된 동사들의
　　목록은 단순 나열된 것으로 서로 호응 관계에 있지는 않다.

승인하다	용기를 돋우다
의견을 말하다	초조하게 만들다
묻다	놀라게 하다
호되게 꾸짖다	즐겁게 해주다
청하다	X로 하여금 …을 하게 하다
암시하다	…의 마음을 고무하다
지시하다	…의 마음에 감명을 주다
제안하다	X로 하여금 …에 관해 생각하게 하다
축하하다	(남의 주의를) 흐트러뜨리다
표현하다	긴장을 풀게 하다
약속하다	난처하게 하다
사의를 표하다	주의를 끌다
권하다	지루하게 하다

그리고 언표내적 행위는 고정적(=관습적)인 성격이 강하여 명시적 수행문으로 나타낼 수 있지만, 언향적 행위는 비고정적(=비관습적)인 성격이 강하여 명시적 수행문으로 나타낼 수 없다(Austin 1962: 103 ; Levinson 1983:237). 곧 청자에게 '돈을 돌려 줄 것을 약속한다'고 말하는 것은 가능하지만, '돈을 돌려주겠다고 너를 안심시킨다'고 말하는 것은 가능하지 않다는 것이다. 이러한 변별법은 대체로 잘 적용이 되는 듯하다. 이것은 언표내적 행위가 지니는 의도는 청자에 의해 인지가 되어야 하지만, 언향적 행위는 화자의 의도에 의한 것이 아님을 말해 준다.

그러므로 언표내적 행위는 인지24)와 관련되는 반면에 언향적 행위는 인지 이후에 일어나는 심적 태도의 변화와 관련되는 것으로 파악되어 왔다. 곧 하나의 발화가 갖는 효과 중에서 언표내적 의도 곧 '단언, 명령, 질문' 따위를 인지하는 것까지는 언표내적 행위와 관련이 있으며 그 이후에 일어나는 심적 상태의 변화는 언향적 행위와 관련되는 것이다. 그러나 이 둘 사이의 경계가 명확한 것은 아니다. 왜냐

---

24) Austin(1962)은 이해(uptake)라는 용어를 사용한다.

하면 청자가 화자의 언표내적 의도를 인지하는 것도 하나의 효과라고
보아야 하기 때문이며 동시에 언향적 행위가 달성되기 위해서는 언표
내적 의도의 인지가 선행되어야 하기 때문이다.

따라서 기존의 논의들에서 언향적 행위는 부수적이며 언표내적 행
위가 상례적 확정적인 데 비해, 언향적 행위는 의도한 것이 아니라도
특정의 상황과 관련되어 나타나는 비확정적인 것이어서 모든 발화에
나타나는 것은 아니라고 보는 관점은 수정할 필요가 있다(조성식외
1990). 이러한 관점에 따르면 예컨대 요청은 청자의 행위를 유발하
는 언향적 행위를 갖지만, 약속이나 감사는 언향적 행위가 없는 것이
된다.25) 이렇게 보았을 때는 다음 발화들이 갖는 발화 효력의 차이
를 설명하기 힘들게 된다(이하 이성영(1994)에서 재인용).

   (11) ㉠ 내일은 돌려 드리겠습니다.
       ㉡ 내일은 꼭 돌려 드리겠습니다.
       ㉢ 내일은 꼭 돌려 드린다는 것을 목숨을 걸고 약속합니다.
       ㉣ 오늘 중으로 입금될 돈이 있으니 내일은 꼭 돌려 드립니다.

(11)의 표현들은 모두 〈약속함(내일 빚을 갚음)〉이라는 표현 의도로
발화된 것이며, 따라서 언표내적 힘은 모두 '내일 빚을 갚는다고 약속'
하는 것이다. 만약 전통적인 견해에 따라 위의 발화들이 약속이라는
언표내적 행위만 갖는 것으로 본다면, (11)㉠만으로도 충분할 것인데
굳이 더 복잡한 표현인 (11)㉡-㉣을 사용한 이유를 설명할 수 없다.
우리는 화자가 (11)㉠이 아니라 상황에 따라 (11)㉡-㉣을 사용하는
것은 청자에게 더 강한 심리적 태도를 형성하려는 표현 의도가 있기

---

25) Davis(1980:47)는 약속, 감사, 명명은 언향적 목적을 갖지 않는다고
하였다. 그러나 같은 책(Davis. 1980:40)에서 Austin(1962)의 용어
인 음성(phonetic) 행위와 형태 및 통사(phatic) 행위, searle(1969)
의 용어인 명제적(propositional) 행위, 그리고 언표내적 행위 등의 차
원이 모두 언향적 행위 차원의 효과를 일으킬 수 있는 요인들이라고 한
것과 상치된다. 이 글은 후자의 관점을 취한다. 예컨대 강한 음성으로
발화하는 것은 언향적 행위 차원의 표현 의도에 의한 것으로 본다.

때문이라고 본다. 이것은 화자의 언향적 행위를 반영한 것으로 볼 수 있다. 곧 더 효과적인 표현이라고 화자가 판단했기 때문에 (11)ⓛ-ⓔ과 같은 표현을 사용하는 것이다. 예컨대 (11)ⓔ에서 '오늘 중으로 입금될 돈이 있으니'라는 표현을 부가한 것은 화자가 청자를 좀더 확실하게 '안심'시키기 위한 의도에서 비롯된 것으로 보인다. 물론 (11)㉠도 약속함으로써 청자를 안심시키고 있다. 이 두 표현의 차이는 화자의 언향적 행위 차원에서의 표현 의도, 즉 상대방을 안심시키려는 표현 의도의 강도 차이에서 비롯된 것이며, 그 의도가 상대방이 안심할 수 있는 근거를 제공하는 표현을 하도록 유도한 것이라고 볼 수 있다. 이것은 언표내적 행위 차원이 아니라 언향적 행위 차원의 문제라고 파악한다. 즉 동일한 언표내적 힘을 갖지만 실제의 표현이 다른 경우 이것은 화자의 언향적 행위 차원에서의 표현 의도에 기인하는 것으로 보는 수밖에 없다.

일반적으로 모든 발화는 언표내적 행위와 함께 언향적 행위를 동시에 수행한다. 언표내적 행위는 표현 의도의 인지까지만 해당되며 언향적 행위는 그러한 인지 이후에 일어나는 청자의 심적 상태의 변화 정도와 관련된다. "지구는 둥글다."는 표현은 그 내용을 '진술(또는 단언)'하는 언표내적 행위를 수행하며, 동시에 그 내용을 '믿게' 하는 언향적 행위도 수행한다. "내일은 갚아 준다."는 표현을 통하여, 그 내용을 '약속'하는 언표내적 행위를 수행하며 동시에 청자를 '기쁘게' 하거나 혹은 '안심하게' 하는 언향적 행위를 수행하고 있다.

동일한 언표내적 행위를 수행하면서 청자에게 서로 다른 정도의 심적 상태의 변화를 일으키는 행위는 언향적 행위의 차원이다. 따라서 언표내적 행위의 성취 여부는 '유무'로 판단되지만 언향적 행위의 성취는 유무가 아니라 '정도'의 문제이다. 곧 약속했느냐 하지 않았느냐의 문제는 언표내적 행위의 문제이고, 강한 약속을 했느냐 약한 약속을 했느냐의 문제는 그것이 바로 안심이나 기쁨의 정도를 결정하기 때문에 언향적 행위의 문제가 된다. 이러한 점을 이성영(1994)에서는 다음과 같이 설명하고 있다.

(12) ㉠ (이미 기한이 지난 복권을 가리키며)
    이 복권이 당첨되면, 내일은 돌려 드리겠습니다.

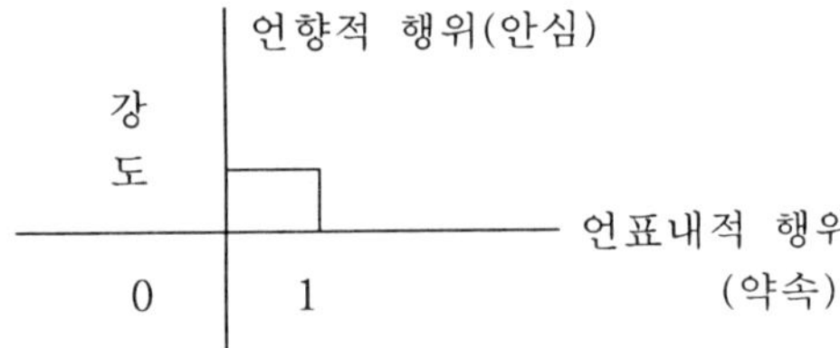

㉡ 내일은 돌려 드리겠습니다.

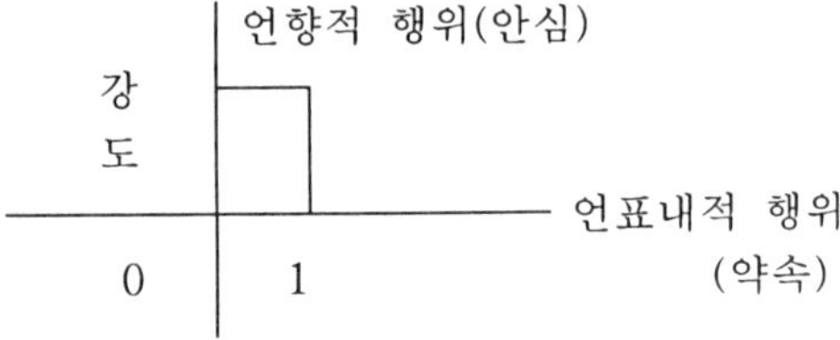

㉢ 오늘 중으로 입금될 돈이 있으니, 내일은 돌려 드리겠습니다.

(12)㉠은 약속이 이루어지지 않은 경우이며, 약속이 이루어지지 않음으로 해서 안심시키는 언향적 행위도 이루어지지 않는다. (12)㉡과 (12)㉢은 둘 다 약속이라는 언표내적 행위를 수행하고 있다는 점에서는 동일하지만, 약속의 강도 측면에서 차이가 있다. 이러한 약속의 강도는 약속의 성립 여부와는 무관하고, 상위의 목적인 청자를 안심시키기 위한 의도에서 비롯된 것으로서 약속의 강도가 강하면, 안심이라는 언향적 행위 차원의 효과는 더 강해지게 된다. 그런데 판사의

선고라든지 회의 개최 선언 등 이른바 관습적 화행을 수행하는 표현
들은 약간 다른 특성을 지니고 있다. 예컨대 판사의 선고는 언표내적
효력만을 갖는 것처럼 보이지만 이 경우도 언향적 행위는 존재한다.
선고의 경우는 언향적 행위로 볼 만한 청자의 반응이 없는데 왜냐하
면 선고 행위는 언표내적 행위와 언향적 행위가 밀접하게 결합되어
있기 때문이다. 이러한 이성영(1994)의 관점은 언표내적 행위와 언
향적 행위의 구분이 어렵다는 점을 잘 보여주는 하나의 예가 될 것이
다.

　　이상의 논의를 중심으로 언표적 행위(Locutionary Act), 언표내
적 행위(Illocutionary Act), 언향적 행위(Perlocutionary Act)에
대한 본 연구의 입장을 정리하면 다음과 같다.26)

　가. 언표 행위(locutionary act): 일정한 의의와 지시를 가진 문장의
　　　발화이다. 곧 발음하는 작용이 있으며 말하는 사람의 말의 참과 거
　　　짓만을 목표로 하는 것이 아니라 의미가 있다면 단순히 습관적으로

---

26) Searle(1969)은 Austin(1962)의 locutionary act를 propositional
　　act와 utterance act로 나누었다. 국내에서는 발화 행위를 locution-
　　ary act와 utterance act에 모두 사용하여 용어상의 혼란을 있었다.
　　따라서 본서에서는 용어상의 혼란을 피하기 위해 locutionary act는
　　발화 행위보다는 언표 행위가 합당하며 특별한 주석이 없는 한 locut-
　　ionary act는 언표 행위로 utterance act는 발화 행위라는 용어로 사
　　용한다.
　　다음은 Searle(1969)에서 제시된 언표 행위, 언표내적 행위, 언향적
　　행위에 대한 정의이다.
　　　㉠ locutionary act: the utterance of a sentence with
　　　　determinate sense and reference
　　　㉡ illocutionary act: the making of a statement, offer,
　　　　promise, etc. in uttering a sentence, by virtue of the
　　　　conventional force associated with it(or with its exp-
　　　　licit performatives paraphrase
　　　㉢ perlocutionary act: the bringing about of effects on
　　　　the audience by means of uttering the sentence,
　　　　such effects being special to the circumstance of
　　　　utterance.

소리를 내어 말하는 것(utterance act)까지도 포함한다.

나. 언표내적 행위(illocutionary act): 한 문장을 발화하면서 이 문장이 갖는 고정적 말힘에 의하여 진술, 제안, 명령, 질문, 약속 따위를 하는 것이다. 곧 의미를 가지는 작용으로 보며 언표 행위와는 달리 말함으로써 무엇인가를 행하는 경우로 '경고하다, 보고하다, 명령하다, 설명하다, 암시하다, 약속하다, 진술하다, 충고하다, 통지하다……' 등 많은 수행적 동사들을 포함한다. 언표 행위와 다른 것은 뜻이 있는 발화를 하는 것은 같지만 무슨 내용을 전달하거나 알게 하는 작용을 한다는 점이다.

다. 언향적 행위(perlocutionary act): 문장을 발화하여 청자 측에 영향을 미치게 하는 것이다. 이 영향은 발화의 상황에 따라 특수성을 갖는다. 곧 말하는 상대방에게 무엇을 하도록 강제로 시키는 작용이다. 예를 들어 문을 닫게 한다든가, 열게 한다든가 또는 사람을 문 밖으로 나가게 하는 경우 나가라고 명령하는 경우가 해당된다. 언표내적 행위와는 달리 발언의 힘이 더욱 강하고 상대편으로 하여금 무슨 일을 하게 하는 데 목적이 있다. '설득시키다, 정지시키다, 지불케 하다, 말리다, 먹이다' 등 여러 가지 화행을 통해서 상대방의 얼굴이 붉어지거나 혈압이 상승하는 등의 현상이 일어나면 이러한 현상이 일어나게 하는 행위가 언향적 행위이다.

2.1.2. 언표내적 행위의 분류

언표내적 행위에 대한 구분은 Austin(1962), Searle(1969), Fraser(1974), Katz(1977), Bach-Harnish(1979), Leech(1983) 등이 대표적이다.[27]

---

27) 다음에 나오는 화행 분류에 관한 여러 학자들의 견해이다. 첫째, Austin, Searle, Fraser의 표에서는 Kats, Leech, Bach-harnish와 비교했을 때 의무 행위, 질의 행위, 충고 행위, 허가 행위가 없다. 둘째, Kats, Leech의 표에서는 Austin, Searle, Bach-Harnish와 비교했을 때 권위행사행위, 선언행위, 제안행위, 판정 행위, 평가행위, 행사행위, 행태 행위, 화자태도반영행위가 없다. 셋째, Bach-Harnish의 분류에서는 다른 학자들과 비교했을 때 통보적 언표내적 행위와 관습적

(13) ㉠ Austin(1962): 언약 행위, 판정 행위, 평서 행위, 행사
        행위, 행태 행위
      ㉡ Searle(1969): 단언 행위, 선언 행위, 언약 행위, 정표 행
        위, 지시 행위
      ㉢ Fraser(1974): 권위 행사 행위, 단언 행위(1,2), 명세 행
        위, 언약 행위, 요청 행위, 제안 행위, 평가 행위, 화자 태도
        반영 행위
      ㉣ Katz(1977): 명세 행위, 요청 행위, 의무 행위, 정표 행위,
        충고 행위, 평서 행위, 허가 행위
      ㉤ Bach & Harnish(1979): 통보적 언표내적 행위, 관습적
        언표내적 행위
      ㉥ Leech(1983): 단언 행위, 언약 행위, 정표 행위, 지시 행
        위, 질의 행위

언표내적 행위로 분류한 것이 눈에 띄고 특히 '관습적 언표내적 행위'는
화행의 전이 현상을 용납하지 않는 것들만 따로 분류한 것으로 경우에
따라서는 '간접 화행'의 사용이 불가한 화행에 해당되는 것으로 보인다.

		Austin(1962)	Searle(1969)	Fraser(1974)
		5	5	8(9)
권위 행사 행위 (exercising authority)				adopt, appoint, cancel, declare, dismiss, exempt, permit, prohibit, reject, withdraw
단언 행위 (assertives)	단언 행위1		boast, complain, conclude, describe, predict, state	announce, inform, report, say, state, tell
	단언 행위2 (제한적)			affirm, agree, claim, conclude, object
명세 행위(stipulating)				classify, define, nominate, select, specify
선언 행위(declarations)			appoint, declare, excommunicate, fire, pronounce, resign	
언약 행위(commissives)		bet, consent, guarantee, intend, promise, swear	bet, consent, guarantee, intend, promise, swear	commit, give one's word, guarantee, pledge, promise, volunteer, vow
요청 행위(request)				ask, beg, demand, direct, order, plead, request
정표 행위(expressives)			apologize, condole, congratulate, deplore, thank, welcome	
제안 행위(suggest)				advise, propose, recommend, suggest, warn
지시 행위(directives)			advise, beg, command, order, plead, request	
판정 행위(verdictives)		analyse, calculate, diagnose, grade, measure, value		
평가 행위(evaluating)				calculate, choose, classify, evaluate, grade, measure
평서 행위(expositives)		affirm, define, deny, inform, revise, state		
행사 행위(exercitives)		appoint, demote, excommunicate, order, pardon, recommend		
행태 행위(behabitives)		apologize, bless, protest, sympathize, thank, welcome		
화자 태도 반영 행위 (reflecting speaker attitude)				apologize, applaud, thank

〈Austin, Searle, Fraser의 화행 유형〉

		Katz(1977)	Leech(1983)
		7	5
단언 행위 (assertives)	단언 행위1		affirm, assert, forecast, predict, announce
	단언 행위2 (제한적)		
명세 행위(stipulating)		baptize, call, dub, name	
언약행위(commissives)			offer, promise, swear, volunteer, vow
요청 행위(request)		beg, command, entreat, order, request, urge	
의무 행위(obligatives)		guarantee, pledge, promise, resolve, swear	
정표 행위(expressives)		apologize, congratulate, thank	apologize, commiserate, congratulate, thank
지시 행위(directives)			ask, beg, command, forbid, request
질의 행위(rogative)			ask, inquire, query, question
충고 행위(advisives)		advise, counsel, suggest, recommend, warn	
평서 행위(expositives)		affirm, claim, concede, declare, state	
허가 행위(permissives)		permit	

<Kats, Leech의 화행 유형>

		Bach-Harnish(1979)
통보적 언표내적 행위 (communicative illocutionary acts)	언약행위 (commissives)	약속행위(promises): promise, swear, vow, contract, bet
		제공행위(offers): offer, propose
	지시행위 (directives)	금지행위(prohibitives): forbid, prohibit, restrict
		요구행위(requirements): bid, command, demand, direct, order, require
		요청행위(requestives): ask, beg, plead, request
		자문행위(advisories): advise, caution, propose, recommend
		질문행위(questions): ask, inquire, interrogate, question
		허가행위(permissives): allow, excuse, exempt, license, pardon
	진술행위 (constatives)	가정행위(suppositives): assume, postulate, suppose
		귀속행위(ascriptives): ascribe, attribute, predicate
		기술행위(descriptives): classify, describe, evaluate
		단언행위(assertives): affirm, claim, deny, say
		반대행위(dissentives): differ, disagree, reject
		보고행위(retrodictives): recount, report
		양보행위(concessives): admit, allow, confess
		예측행위(predictives): forecast, predict, prophesy
		제보행위(informatives): advise, inform, report, testify
		찬동행위(assentives): accept, agree, assent
		추정행위(suggestives): guess, hypothesize, speculate
		취소행위(retractives): correct, deny, renounce, withdraw
		항의행위(disputatives): dispute, object, protest
		호응행위(reponsives): answer, reply, retort
		확인행위(confirmatives): certify, confirm, judge
	인사행위 (acknowledgments)	사과행위(apologize): apologize
		위로행위(condole): commiserate, condole
		수락행위(accept): accept
		축하행위(congratulate): compliment, congratulate, felicitate
		인사행위(greet): greet
		감사행위(thank): thank
		희망행위(bid): bid, wish
		거부행위(reject): refuse, reject, spurn

		Bach-Harnish(1979)
관습적 언표내적 행위 (conventional illocutionary acts)	유효행위(effectives)	appoint, baptize, sentence, veto
	판정행위(verdictives)	clear, disqualified, find guilty

〈Bach-Harnish의 화행 유형〉

이러한 외국 학자들의 수행 동사 분류에 힘입어 국내에서도 국어에 대한 화행 동사의 분류가 박영수(1981)와 장석진(1993), 이성영(1994)에서 시도되었다. 박영수(1981)는 수행 동사를 의식적(儀式的) 수행 동사와 통속적(通俗的) 수행 동사로 분류하고 다시 각각을 다음과 같이 세분하였다.

(14)

의식적 수행 동사	법 행위 동사	동의하다, 선언하다, 증언하다…
	종교 행위 동사	사면하다, 봉헌하다…
	사무 행위 동사	고용하다, 사직하다…
통속적 수행 동사	단정 동사	인정하다, 강조하다, 결론짓다…
	평가 동사	판결하다, 규정짓다…

위와 같이 국어의 수행 동사를 분류하고 특히 명시적 수행 동사 '불평하다, 나무라다, 비난하다, 욕하다' 따위는 상대방에게 불쾌감을 주기 때문에 국어에서는 (15)㉠-㉢처럼 사용될 수 없다고 보았다.

(15) ㉠ ?나는 네가 무책임했음을 나무란다/비난한다.
     ㉡ ?나는 너를 욕한다.
     ㉢ ?나는 너에게 불평을 한다.

(15)㉠-㉢이 우리말에서 사용될 수 없는 이유는 남에게 싫은말 하기를 꺼리는 한국인의 의식 구조를 반영하였기 때문이라고 보았다. 이

러한 박영수(1981)의 분류는 수행 동사를 '의식적 수행 동사'와 '통속적 수행 동사'로 나누어서 언어 행위의 고정성과 비고정성을 고려하였지만 세부적인 면에서는 '법 행위, 종교 행위, 사무 행위…'와 같이 언어적인 면과는 거리가 있는 듯하다.

　　이외에도 수행 동사 분류에 구문론적 기준을 적용한 장석진(1993)이 있다. 그는 (16)에서 보듯 수행 동사를 Austin(1962)과 Searle(1969)의 분류를 참고하여 국어의 수행 동사를 '판정, 평서, 언약, 전달, 정표, 지시, 질문, 행사'의 8가지로 나누었는데 이것은 언어 행위의 고정적 측면과 비고정적 측면을 소홀히 다룬 단점이 있다.

(16) 국어의 수행 동사 목록
　　　(한자어 및 고유어: 434개, 〈장석진.1993:101-107쪽〉)

재판하다				**(판정,1개)**
가상하다	가설하다	가정하다	갑론을박하다	강연하다
강요하다	개의하다	개회하다	거부하다	건의하다
게시하다	격려하다	견적하다	결단하다	결론짓다
계시(啓示)하다		계정하다	고사(固辭)하다	
고수하다	고지하다	고집하다	고치다	고해하다
공격하다	공고하다	공박하다	공보하다	공언하다
공지하다	교정하다	구술하다	구신(具申)하다	군소리하다
규명하다	규정하다	규탄하다	긍정하다	기권하다
기술하다	기재하다	꼬집다	꾸중하다	나무래다
논박하다	논술하다	논의하다	농담하다	뉘우치다
다짐하다	단언하다	단정하다	담소하다	담판하다
담화하다	답례하다	답문(答問)하다		답변하다
답사하다	답신하다	답장하다	답하다	대꾸하다
대답하다	대들다	동의하다	따르다	따지다
매기다(등급)	면담하다	묘사하다	무시하다	문책하다
바로잡다	반격하다	반대하다	반박하다	반발하다
받아들이다	발뺌하다	발의하다	밝히다	방담하다
방면하다	버리다	변명하다	변호하다	보고하다
보도하다	보완하다	보충하다	부가하다	부기하다
부르다	부서(副署)하다	부언하다	부연하다	부인하다

부정하다	분류하다	분석하다	비꼬다	비난하다
비웃다	비판하다	사인하다	산정하다	상신하다
상의하다	서명하다	서술하다	선고하다	선동하다
선언하다	설명하다	설정하다	소리치다	속삭이다
수정하다	술회하다	승인하다	시사하다	시인하다
시작하다	실언하다	실증하다	실토하다	심사하다
심의하다	심판하다	암송하다	암시하다	야유하다
약술하다	양보하다	양지하다	양찰하다	양해하다
억측하다	언급하다	언도하다	언명하다	얼뜬다
역설하다	예상하다	예언하다	예증하다	예측하다
오판하다	외치다	용인하다	우기다	우롱하다
유예하다	응답하다	응수하다	의미하다	인정하다
인증하다	자문하다	자인하다	자찬하다	자퇴하다
잡아떼다	장담하다	재심하다	전제하다	절규하다
절찬하다	정의하다	정정하다	제공하다	제의하다
조롱하다	조소하다	주장하다	증명하다	증언하다
지적하다	지탄하다	직언하다	진단하다	진술하다
진언하다	진정하다	질정(叱正)하다		짐작하다
찬동하다	찬성하다	찬양하다	찰고하다	참견하다
참조하다	처방하다	천명하다	철수하다	철회하다
첨가하다	첨부하다	첨언하다	추가하다	추궁하다
추론하다	추측하다	취소하다	측정하다	털어놓다
토로하다	통고하다	통보하다	통지하다	투덜대다
특기하다	판결하다	판단하다	판명하다	판정하다
평가하다	평결하다	폐회하다	포고하다	폭로하다
핀잔주다	한담하다	합의하다	함축하다	합의하다
항변하다	항언하다	항의하다	해답하다	해독하다
해명하다	해몽하다	해석하다	해설하다	협상하다
협의하다	협정하다	형성하다	호언하다	호응하다
호통치다	홍보하다	확인하다	확증하다	회답하다
회롱하다				**(평서, 244개)**
걸다(내기)	계약하다	공약하다	맹세하다	맹약하다
묵계(默契)하다		묵약하다	보증하다	서약하다
약속하다	약정하다	언질(言質)주다		자백하다
종결하다	주다(언질)	해약하다		**(언약, 16개)**
강조하다	떠들다	말하다	소근거리다	소리지르다
앙알거리다	잔소리하다	전달하다	전보치다	전언하다

전하다	중얼거리다	지껄이다	쫑알거리다	헛소리하다
				(전달, 15개)
축원하다	기원하다	저주하다	사죄하다	인사하다
감사하다	동정하다	칭송하다	축복하다	환영하다
탄복하다	위로하다	애도하다	사과하다	통곡하다
송축(頌祝)하다		진사(陳謝)하다		고백하다
경축하다	통탄하다	축하하다	치하하다	건배하다
칭찬하다				(정표, 24개)
간청하다	강압하다	강청하다	경고하다	공갈치다
권고하다	금지하다	금하다	명령하다	분부하다
빌다	애걸하다	애원하다	언탁(言託)하다	요구하다
요청하다	용서하다	윤가(允可)하다		윤허하다
자청하다	재가하다	재청하다	제안하다	제지하다
제한하다	조언하다	주의주다	지시하다	천거하다
청구하다	청원하다	청하다	촉구하다	추천하다
충고하다	탄원하다	특청하다	풀어주다	하명하다
허가하다	허락하자	훈계하다	훈방하다	훈시하다
				(지시, 84개)
문의하다	묻다	신문하다	의심하다	질문하다
질의하다	질책하다	캐묻다	하문하다	(질문, 9개)
강등하다	거절하다	견책하다	결재하다	기소하다
면제하다	면책하다	면하다	명명하다	박탈하다
벌하다	사면하다	사임하다	사절하다	사정하다
상소하다	선포하다	수여하다	억제하다	위임하다
위탁하다다	임명하다	제소하다	지명하다	집행유예하다
집행하다	채택하다	탄핵하다	파면하다	파문하다
폐기하다	폐지하다	해고하다	해산하다	해소하다
해제하다				(행사, 41개)

　　이성영(1994)은 국어에는 청자에 대한 태도와 관련하여 '지시 화행, 진술 화행, 질문 화행, 언약 화행' 같은 다양하게 표현하는 방식이 있으며 이들을 표현하는 방식은 개별 화행이 지니는 적정 조건의 항목들과 연관시켜 분류하는 것이 가능하다고만 했을 뿐 이에 대한 자세한 사항은 언급이 없다.

　　이상 국내 학자들의 연구는 두 가지로 나눌 수 있다. 첫째로 박영수(1981)와 장석진(1993)의 분류는 수행 동사에 대한 분류이지 언표내적 화행에 대한 분류는 아니다. 둘째로 이성영(1994)은 언표내적 화행에 대한 언급을 할 뿐 자세한 분류는 시도하지 않고 있다.[28]

　　그러므로 이 글에서는 국어의 화행에 나타나는 언표내적 행위를 몇 가지 기준을 설정하여 분류한다. 첫째 기준은 문법적 표지에 의하여 나타나는 문장의 기본 기능을 중심으로 하는 분류이다. 모든 언어에는 언표내적 화행을 수행하는 일정한 언어 형식 내지 문법 구조가 존재한다. 이들은 문법적 화행이라 할 수 있는데 화행 논의에서는 우선 이들 화행이 중심이 되어야 하며 이러한 관점에서 일차적인 분류가 이루어져야 한다. 국어에서는 문법적 화행에 해당하는 1차 언표내적 화행이 문장의 종결 어미로 수행되는 특징이 있다. 본 연구에서는 국어의 문장 유형이 여러 가지가 있지만 일반적으로 통용이 되는 '진술문, 명령문, 질문문, 청유문' 만을 대상으로 하였다. 둘째 기준은 각각의 문법적 화행에서 파생되는 해석적 화행을 세부적으로 나눈다. 이들 해석적 화행은 문법적 표지에 의한 '언어 맥락적 해석'과 담화 상황에 따른 '상황 맥락적 해석'에 의해서 세부적으로 나눌 수 있다.

---

28) 한편 박영수(1981)에서는 국어의 수행 동사의 형태적 분류에서 '매기다, 기리다, 빌다, 다짐하다' 따위의 몇 가지를 제외하고는 대개가 한자어로 구성되어 있음을 밝히고 있다(박영수.1981:35쪽). 이러한 사실은 장석진(1993)에서 제시한 국어 수행 동사의 목록을 통해서 간접적으로 확인할 수 있다. 장석진(1993)에서 제시한 총 434개의 수행 동사 가운데 고유어로 구성된 것은 아래에 보이는 것처럼 42개(9.68%)만이 고유어로 구성된 수행 동사일 정도로 국어에서는 대부분의 수행 동사가 한자어로 구성되어 있다.

걸다(내기)	고치다	군소리하다	꼬집다	꾸중하다	나무래다
뉘우치다	다짐하다	대꾸하다	대들다	따르다	따지다
떠들다	말하다	매기다(등급)	묻다	바로잡다	받아들이다
발뺌하다	밝히다	버리다	부르다	비꼬다	비웃다
빌다	소근거리다	소리지르다	소리치다	속삭이다	앙알거리다
얼뜬다	외치다	우기다	잔소리하다	주다(언질)	중얼거리다
지껄이다	쫑알거리다	캐묻다	투덜대다	핀잔주다	헛소리하다

（고유어로 된 수행 동사 목록: 42개）

다만 모든 언표내적 행위를 표시할 수 없으므로 여기서는 일부분만을
제시한다.29)

(17) 언표내적 행위의 분류

문법적 화행	해석적 화행	문법 표지
진술 화행	가정 화행, 강조 화행, 경고 화행, 귀속 화행, 기술 화행, 단언 화행, 동의 화행, 묵살 화행, 반대 화행, 보고 화행, 비난 화행, 약속 화행, 제보 화행, 주장 화행, 찬동 화행, 추정 화행, 취소 화행, 항의 화행, 호응 화행	(는/ㄴ)다 (는/ㄴ)구나 지 요↘
명령 화행	금지 화행, 자문 화행, 요구 화행, 요청 화행, 지시 화행, 충고 화행, 허가 화행	어라 어 주어라 려무나
청유 화행	간청 화행, 제안 화행, 제의 화행, 권유 화행	자
질문 화행	질문 화행	(ㄹ)까, 니, 냐, 요↗

---

29) 괴츠 힌델랑(1982, 김갑년 옮김:77-79)은 '화행 모델들의 분류가 가능
하고 그러한 분류를 몇 개나 산정해야 하며 어떤 기준이 적용하는가'에
대한 물음에 대해 다음과 같이 말하고 있다. "화행들은 명확하고 설득력
있게 부류화 되는 것은 아니다. ... 우리는 서로 상충되고 교차하는 유
사성의 복잡한 망을 본다." 오스틴(1969) 역시 언표내적 행위의 분류에
서 '유사하고 서로 겹치는 화행들의 큰 가족'이라 말하고 있다. 이러한
관점의 배경에는 비트겐쉬타인(1969:324)이 언급한 '가족간 유사성'의
개념이 있다. 곧 화행의 분류는 분류의 경계가 되는 부분이 유사하고 서
로 겹치기 때문에 실제로는 어떠한 경계도 명확하지는 않지만 가족이 서
로 닮았으면서도 구분이 되듯이 화행이라는 가족도 명확하지는 않지만
대략의 구분은 가능하다는 것이다. 다만 어떤 화행이 지니는 특성은 다
른 화행이 지니는 특성과 유사하고 겹치기 때문에 그 두 화행을 같은 것
으로 볼 수도 없고 그렇다고 다른 것으로 볼 수도 없을 뿐이다. 현실적
으로 이러한 화행의 겹침 현상은 인정되며 화행 분류가 수학 공식처럼
명확하게 드러나는 것은 아니다.

2.1.3. 직접 화행과 간접 화행

앞절(2.1.1.)에서 보았듯이 언표내적 행위는 화자가 의사 소통에서 언어를 통하여 수행하려는 의도적인 행위이다. 일반적으로 하나의 발화는 하나의 언표내적 행위를 수행하나 때로는 언어 형식이 수행하는 것과는 다른 또 하나의 화행을 수행한다. 이와 같이 언표내적 행위에 대한 분석을 통해서 우리는 직접 화행과 간접 화행을 구분할 수 있다.[30]

일반적으로 화행은 어떤 발화에서든지 일어나는 것이며 그 적절 요건에 따라 여러 가지로 해석할 수 있다. 대화가 진행되는 동안 청자는 화자가 어떤 언표내적 행위를 수행한다고 추론하고 그 언표내적 행위가 무엇인지를 알아내기 위하여 화자의 1차 발화에 의존하여 그것이 말하여 진 것과 화자가 의도하는 것 사이의 관계를 추론한다.

이러한 언표내적 행위는 문법적 범주 표지에 의해 나타나는 것으로 예를 들어 (19)는 '-니'라는 질문의 문법적 범주 표지에 의해 질문의 언표내적 행위를 지닌다.

(19) 공부하니?

이렇게 문법적 범주 표지에 의해 특정의 언표내적 힘이 명시적으로

---

30) '직접 화행(Direct Speech Act; DSA)'이나 '간접 화행(Indirect Speech Act; ISA)'에 대한 용어는 아직 정립되지 않고 연구자 나름대로 사용하려는 경향이 있지만 대체로 '직접 화행'과 '간접 화행'이란 용어를 사용하는 것이 일반적이다. 다만 몇몇 사람이 '간접 화행'에 대응하는 것으로 '비직접 화행'이란 말을 사용한다. 또한 '간접 화행'이란 용어를 사용해도 그 대상 범주를 함축까지 포함하는 경우와 포함하지 않는 경우로 나뉠 수 있다. 곧 좁은 의미의 간접 화행과 넓은 의미의 간접 화행의 두 가지 의견이 있는데 이 글에서는 용어 상으로는 '직접 화행'과 '간접 화행'을 사용하고 간접 화행의 범주로는 후자의 넓은 의미의 간접 화행을 인정하는 쪽이다. 다음은 각각에 해당되는 현재까지의 용어들이다.
　* DSA: 직접 화행, 문자적 화행, Literal Meaning
　* ISA: 비직접 화행, 간접 화행, 비문자적 화행, Contextual Meaning

나타나는 발화가 직접 화행이다.

그러나 모든 발화가 하나의 언표내적 행위만을 지니는 것은 아니다. 발화 중에는 (20)처럼 두 가지 이상의 언표내적 힘을 지니는 것도 많이 있다.

    (20) 소금 좀 주시겠습니까?

(20)은 형식적으로는 질문 화행을 수행하지만 실제로 수행되는 화행은 상대방의 지위나 대화 상황에 따라 요청과 명령의 언표내적 힘을 지닌다. 따라서 (20)은 질문 화행과 요청 화행 또는 명령 화행이라는 두 가지 이상의 언표내적 화행을 수행하게 된다. 곧 질문문의 질문 화행을 통해서 요청과 명령이라는 실질적인 언표내적 힘이 성취되는 것이다. 이러한 경우를 '간접 화행'이라고 한다.

이렇게 '직접 화행'과 '간접 화행'의 관계는 상호 밀접히 연관되어 있다. 곧 간접 화행은 직접 화행이 수행되면서 간접적으로 수행되는 화행으로 기본 의미에 입각한 표면적 수행력과 실제적으로 전달되는 의도된 언표내적 힘 사이의 불일치성이 간접 화행의 결정 요인이 된다. 이러한 간접 화행은 일반적으로 (21)처럼 맥락적 요인에 의해 발생하는 경우가 많다.

    (21) ㉠ 껌 있어요?
        ㉡ 애들은 못 간다.

(21)에서 ㉠은 가게에 들어가면서 화자가 청자인 점원에게 했다면 질문이라는 형식을 빌어서 실제로는 '껌 있으면 나에게 팔라'는 명령을 하는 것이다. ㉡은 부모가 자식에게 성인들만 모이는 곳에 가는 상황에서 아이들이 따라 가려할 때 사용했다면 서술이라는 형식을 빌어서 실제로는 '가지 마라'는 명령 또는 금지를 하는 것이다. 이처럼 간접 화행은 '상황 맥락적 요인'에 밀접하게 연관되어 있다.

이러한 맥락적 요인을 직접 화행과 간접 화행의 구분에 적용한 사람이 Gazdar(1979)이다[31]. 그가 제시한 최대치의 맥락 요인과 최소치의 맥락 요인은 직접 화행과 간접 화행의 구분에 적합한 결정 요인이 될 것이다. 그는 실제로 직접 화행은 최소치의 맥락 요인을 지니고 있으며 Grice(1967)의 담화 격률에 유추한 관련성, 질, 양, 태도, 공손, 도덕성의 격률로 설명할 수 있다고 보고 기본적으로 직접 화행을 문자적 의미의 추상적 실체로 규정하였다. 간접 화행은 최대치의 맥락 요인을 띠고 있으며 직접 화행이 수행되면서 간접적으로 수행되는 화행이라고 보고 표층 형태와 수행되는 비표현 화행과의 불일치성을 간접 화행의 결정 요인으로 보았다.

그러므로 이 글에서는 직접 화행과 간접 화행을 다음과 같이 구분하겠다. 직접 화행은 문법적 범주 표지로써 드러나는 언표내적 행위의 수행으로서 질문문은 질문 화행을, 명령문은 명령 화행을, 진술문은 진술 화행을, 청유문은 청유 화행을 직접적으로 수행하며 그 해석이 상황 맥락에 좌우되지 않는 화행을 말한다. 반면에 간접 화행은 문법적 범주 표지에 의한 언표내적 행위의 해석적 화행(=직접 화행)이 다른 문법 범주의 해석 화행으로 이행되는 것을 말한다. 곧 직접 화행은 상황 맥락적 정보(해석)가 작용하지 않는 화행이며 우리말에서는 문장 종결 어미 같은 문법 표지에 의해 나타나며, 간접 화행은 문법 표지 같은 언어 맥락적 정보와 상황 맥락적 정보가 상호 작용하여 화자의 의도와 결합하여 일어나는 화행으로 정의내린다.

좀 더 실질적인 이해를 위하여 (20)의 '소금 좀 주시겠습니까?'라는 질문문을 예로 들어 보겠다. (20)은 문법적 화행으로 질문 화행을 수행하는 것이므로 상대방은 '네' 또는 '아니오'라는 응답만 하면 이 경우의 (20)은 질문 화행을 수행한 것이다. 곧 질문문이 질문 화행을 수행한 것이므로 직접 화행이 된다. 반면에 식사를 하고 있는 상황에서 (20)을 발화한다면 상대방은 '소금을 주는 행위'를 하게 된다. 이 경우의 (20)은 화자나 청자 모두 질문 화행을 수행하고 이해한 것이

---

31) 국내에서는 김기찬(1987)이 처음으로 직접 화행과 간접 화행의 구분에 대해 논한 것으로 보이며 그의 구분은 Gazdar(1979)의 영향을 받은 것으로 보인다.

아니라 명령(요청) 화행을 수행하고 이해한 것이 된다. 곧 질문문이
질문 화행을 수행하지 않고 명령(요청) 화행을 수행하였으므로 간접
화행이 된다. 이러한 점에서 직접 화행은 문장이 지니는 기본 의미만
을 다루는 의미론의 주대상이며 간접 화행은 상황이나 언어 행위를
다루는 화용론의 주대상이라 할 수 있다.

2.2. 간접 화행 이론

간접 화행[32]은 Austin(1962)의 화행론에서 시작된다. 이어서 Alston
(1964)에서 비롯된 수행 분석을 생성문법론자인 Ross(1970)가 재
도입하여 수행문 분석과 간접 화행에 대한 적용을 시도하였다. 이후
Sadock(1974)이 이를 정밀화하여 '확대 수행문 가설'로 발전시켰다.
Alston(1964)에서는 의미에 관한 이론을 언급론(=지시론), 관념론,
행동론으로 나누었다. 여기서 행동론은 블룸필드의 행동주의 언어학
을 말하는데, Alston은 이 행동론의 단점을 소개하면서 언어 행위의
개념을 소개하였다. Alston이 제시한 행동론의 단점은 다음과 같다.

> (22) "의미에 관한 〈행동론〉이 화자가 언어를 사용하면서 하는 행위
>   에 주의를 기울이지 않은 것은 많은 행동론자들이 의미를 오
>   로지 청자의 반응에 입각하여 설명했기 때문이다. 간혹 행동
>   론에 의하여 화자의 입장이 반영된다 하더라도 그것은 화자가
>   발화 속에 하는 행위에 관한 것이 아니라 화자가 처해 있는
>   상황에 관한 것일 뿐이다. 만약에 의미론 학자들이 언어 표현
>   의 의미를 그 언어 공동체에 참여하는 사람들의 언어적 표현
>   을 가지고 하는 행위의 함수라는 가정 아래서 의미를 고찰했
>   더라면 화자의 입장에서 본 의미론은 행동론과는 많은 점에서
>   달랐을 것이다. 행동론자들이 화자 중심이 되지 못한 것은 화

---

32) Heringer(1972)는 Gordon & Lakoff(1971)의 설명을 수정하고 확
    대하는 과정에서 '간접'이란 용어의 개념을 정립하고 그 의미를 부여하였
    다.

자의 활동에 관한 것은 화자가 어떤 문장을 만들어 낸다는 사실이 그 전부라고 보았기 때문이다. 곧 화자의 활동을 밀도 있게 본다는 것은 의미 문제를 드러낼 뿐이고 의미 문제를 해결하는 데는 아무런 도움이 되지 못한다고 보았기 때문이다."

행동론에 대한 Alston(1964)의 이러한 비판은 화행 이론이 추구하는 바가 화자 중심의 언어관임을 보여주는 것이라 할 수 있다. Alston의 화행 이론은 Austin에서 영향받은 바 크다고 할 수 있다.

　Austin의 화행론을 이어받아 이를 보완하고 체계화하여 화행 이론이라는 학문의 분야로 발전시킨 사람은 Austin의 제자인 Searle이다. Searle(1969)은 '표현성의 원리(Principle of expressibility)'를 바탕으로 Austin(1962)의 '언표 행위'를 '명제 행위'와 '발화 행위'로 구분하여 언어 행위를 '명제 행위, 발화 행위, 언표내적 행위, 언향적 행위'로 보았다. 궁극적으로 Austin과 Searle의 화행 이론은 언표내적 힘에 대한 이론이며 언표내적 힘은 진리조건적 의미론으로는 포착할 수 없는 행위의 이론이라고 말할 수 있다. 이러한 주장에 반대하여 기존의 생성 문법적 틀 안에서 언표내적 힘을 설명하려는 이론이 Ross(1970)이나 Lakoff(1971) 등의 수행문 이론이나 대화 공준 이론 등이다.33)

　Ross(1970)의 "On Declarative Sentence"는 Austin(1962)의 수행문 개념을 도입하여 이를 추상적인 상위의 문장으로서 심층 구조에 표시하고 화자와 청자 및 수행 동사를 써서 담화의 장면을 문장 기술에 최초로 적용하였다. Gordon & Lakoff(1971)는 '대화 공준'을 통해 글자 그대로의 의미와 대화에서 전달되는 간접적 의미를 구별하였다.

---

33) 한편 Ross의 수행문 가설이나 Lakoff의 대화 공준은 엄밀하게 기존 변형 생성 문법이 지니는 한계를 벗어나기 위한 하나의 시도로 볼 수 있다. 따라서 이들은 변형 문법의 심층 구조를 설명하는 과정에서 언어 행위 이론의 개념을 이용한 것이므로 처음부터 언어 행위 이론을 수행문이나 대화 공준을 이용하여 설명하려는 목적은 아니었다.

이와 같이 언어 수행에서 간접 화행에 대한 기술 방법에는 Grice(1967, 1975)의 대화 함축 이론이 소개된 이후로 대화 공준에 입각한 Lakoff(1971)식의 방법, 간접 화행을 표면 구조와 관계없이 실제 사용에서 나타내는 간접적 언표내적 힘을 그대로 의미 구조에 투영하여 기술하려는 Heinger(1972)식의 방법, 이 두 방법을 절충하려는 Sadock(1974)의 절충안이 나왔다. 이 가운데서 Sadock(1974)의 확대 수행문 가설에 입각한 간접 화행의 분석은 Searle(1975)에 의해서 문장(sentence)과 발화(utterance)를 혼동했다는 비판을 받았다. 이와 같은 간접 화행에 관한 서구의 여러 이론 가운데서도 중심을 이루는 것은 Searle(1969, 1975)를 중심으로 하는 추리 이론이라고 볼 수 있다.

이상과 같이 간접 화행을 설명하기 위해서 Searle(1969)이 적정성 조건을 도입한 후에 간접 화행에 대한 여러 가지 분석이 시도되었다. 여기서는 Grice(1967)의 특정 대화 함축 이론과 협력의 원리, Austin(1962)과 Searle(1969)을 중심으로 하는 추리 이론(추론 책략, 대화 공준, 다리놓기 이론, 암시 책략) 그리고 Ross(1970)의 수행문 가설에 의거한 Sadock(1972)의 확대 수행문 가설 그리고 관용구 이론을 중심으로 이들이 지니는 장점과 단점에 대해 살펴보겠다.

2.2.1. 특정 대화 함축 이론

Grice(1967, 1975)는 화자가 어떤 문장을 발화할 때 화자는 실제로 발화한 것 이상의 어떤 것을 의미할 수 있으므로 문장 의미와 발화 의미가 다르다는 점에서 '함축34)'이라는 개념을 처음으로 도입하였다.

잘 알려진 바와 같이 Grice(1967, 1975)는 말해진 내용(what is said)과 전해진 내용(what is implicated)을 구분하고 있다. 전

---

34) Grice의 함축은 넓은 의미의 함언(implication)과 좁은 의미의 함의(entailment)를 동시에 설명하는 개념으로서 발화되는 문장의 일부도 아니고 함의도 아닌데도 발화에 의해 암시되는 명제를 가리킨다.

해진 내용, 다시 말해서 한 문장이 발화되었을 때 부수적으로 전해지는 의미를 함축이라고 한다. Grice(1975)는 함축을 고정 함축(conventional implicature)과 대화 함축(conversational implicature)으로 세분하였다. 고정 함축이란 문장 안에 들어 있는 표현의 특징상 함축 의미가 거의 예외 없이 자동적이고 고정적으로 따라나오는 것이다. 대화 함축이란 문장 표현과는 무관한 것으로 그 문장이 쓰이는 상황을 근거로 얻어내는 함축이다.

(23) Grice(1975)의 함축 구분

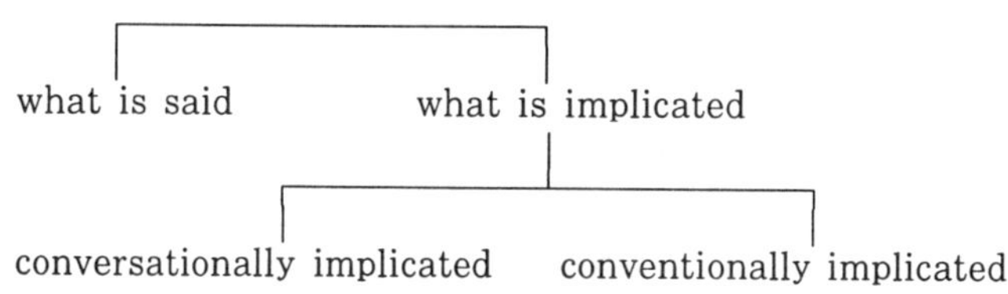

날씨가 추울 때 화자가 청자에게 (24)를 발화한다면 (24)의 문장 의미는 '방이 춥다'는 것이고 화자가 난로나 문을 바라보면서 (24)를 발화했다면 난로를 켜주기를 바라거나 문을 닫아줄 것을 요청하는 것이다.

(24) 방이 춥네.

이러한 함축(implication)은 (24)처럼 문장과 문장 사이의 의미 관계를 사실적 지식에 의존하지 않고 논리 형식이나 언어 의미에 의해 추론하는 함의가 아닌 명제로서 맥락 가운데서 그 문장의 발화에 의해 암시되는 것을 말한다. 발화에서는 맥락이나 대화 상황의 어떤 가정, 배경, 의도, 정보 등을 바탕으로 화자가 실제로 말하는 것 즉 언어적 표현 이상으로 의사 소통을 하게 되는 경우가 많다.

(25) 갑: 애, 너 은행에 심부름 좀 다녀와라.
　　 을: 지금 5시가 넘었어요.

(25)의 대화에서 '을'의 발화는 문장 의미로 보면 하나의 진술에 불과하지만 실제로는 '시간이 지나서 갈 수 없다'는 알림의 뜻을 함축하게 되는 것이다.

발화의 의도는 화자 개인이 의도하는 바 명시적이고 묵시적인 모든 상정 내용을 모두 회수하는 데 있다. 함축 의미 자체에도 함축 결론이 있어서 다음 대화에서 우리는 확정적으로 그들을 가려볼 수 있다.

      (26) 갑: 차 콩코드로 바꾸지 그래?
           을: 난 비싼 차는 몰지 않아.
           함축 전제: 콩코드는 비싼 차다.
           함축 결론: 그러므로 을은 콩코드를 몰지 않을 것이다.

함축 의미는 이와 같이 맥락적 정보를 전제로 해서 무의식적, 순간적, 자연발생적 추론을 통해 얻어진다. 청자는 새로이 접하게 되는 새 정보와 그 맥락을 이루고 있는 구정보들을 통합해서 적합 타당한 또 하나의 새로운 정보를 복원할 수 있으며(맥락 함축), 또는 현재 지니고 있는 신념이나 생각에 대한 더 나은 증거를 얻어 기존의 신념이나 생각을 강화할 수 있다.

직관적 심리 과정은 새로운 상정 내용의 용인 가능성(accessibility)을 결정하며 처리 노력과 상관해서 그 인지 효과를 가능하게 해서 새로운 상정 내용 곧 맥락 함축의 적합성에 영향을 미친다. 이는 또다시 그 함축 의미의 그럴듯함(타당성)도 좌우하게 되며 일반적으로 처음에는 그럴듯한(타당한) 해석이 적합성 원리와 일치하면 이를 확인하는 동시에 타당성에 있어 그보다 못한 여타의 해석들은 버리게 된다.

      (27) 그는 또 모자를 잃어버렸다.
      (28) 그는 다시 장가를 갔다.

(27)에서 그는 이전에 모자를 잃어버린 적이 있다는 것을, (28)은 장가를 한 번 간 적이 있다는 것을 전제하고 있다.

    (29) 나는 안경이 깨진 것을 깨달았다.
    (30) 나는 안경이 깨졌다고 믿었다.

(29)는 이미 깨닫거나 깨닫지 못함과 상관없이 깨진 것은 틀림없다는 것을 전제하는 데 비해 (30)은 안경이 깨지지 않을 수도 있음을 암시하고 있다.

    (31) 갑: 너 해외 연수 다녀온 적 있니?
        을: 난 바다 건너 나가 본 일이 없는 사람이야.

(31)의 대화에서 실제로 말해진 것은 을이 바다를 건너본 적이 없다는 것이지만 을의 말에서 의도된 의미는 '아직 제주도도 못 가보고 내륙에만 머물러 있었다'는, 곧 해외에 나가본 적이 없다는 것을 함축하고 있다.

    (32) 국물 하나도 없어.
    (33) 발이 넓다.

(32)와 (33)은 사회적, 문화적 요인에 의해 그 사용이 관습적이 되어 버린 발화들이다. 은유도 대화적 함축이면서 그 사용으로 인해 관습적인 것처럼 보일 뿐이다. (32)는 이익이 없음을 말할 때 (33)은 사귀는 사람이 많아서 곧 대인 관계가 폭넓다는 의미로 쓰이는 발화들이다.

    (34) 난 네가 너무 보고 싶어.

(34)와 같이 '보고 싶어'라고 표현할 때 우리는 일반적으로 '좋아한다'는 가정을 상상할 수가 있다.

(35) 김씨는 아주 정확한 사람이야.
(36) 김씨는 빈틈이 없는 사람이야.
(37) 김씨는 융통성이 없는 사람이야.

(35)는 (36)이나 (37) 또는 양쪽을 모두 함축할 수 있어서 어느 쪽으로 쓰였는가는 선택의 미결로 남을 수 있다.

의사 소통을 하는 데 있어 참가자는 간혹 잘못된 방향으로 나가거나 대화에 비협력적으로 보이는 이야기를 하거나 혹은 불일치 상황, 협동 원리 따위를 무시하는 등 사소한 문제에 부딪힌다. 그럼에도 불구하고 화자는 문자로 나타난 뜻과는 다르게 그 너머의 어떤 뜻을 전달하며 청자는 그 의도를 파악하고 받아들임으로써 의사 교환이 가능해지는 것이다.

Grice는 이런 함축의 개념을 발전시켜서 의사 소통 이론인 대화 함축 이론을 주장하였다. 이 이론은 근본적이고 합리적인 사고에서 출발하여 상호 협력을 목적으로 하는 대화에서 효과적이고도 효율적인 언어 사용의 지침을 공식적으로 제시한 것이다. Grice는 다음과 같이 일반적인 대화 협력 원칙을 나타내는 네 가지 기본 대화 격률(maxims of conversation) 곧 언어의 효율적인 사용을 기저로 하는 일반 원칙을 설정하였다.

(38) 협력의 원리(The co-operative principle): 대화가 진행되는 각 단계에서 대화의 방향이나 목적에 의해 요구되는 만큼 기여하라.
　㉠ 질의 격률(The maxim of quality): 진실된 기여가 되도록 노력하라. 특히,
　　i) 거짓이라고 믿는 것은 말하지 말라.
　　ii) 적절한 근거가 없는 것은 말하지 말라.
　㉡ 양의 격률(The maxim of quantity):
　　i) 진행되는 대화 목적을 위해 필요한 만큼만 정보를 제공하라.
　　ii) 필요 이상의 정보를 제공하지 말라.
　㉢ 관련성의 격률(The maxim of relevance): 관련성을 지녀라.
　㉣ 태도의 격률(The maxim of manner): 명료하라 그리고 특히:

ⅰ) 모호성을 피하라.　ⅱ) 중의성을 피하라.
ⅲ) 간결하라.　　　　ⅳ) 조리 있게 하라.

이러한 협력의 원리와 네 개의 격률을 의도적으로 위배하거나 무시함
으로써 화자는 자신이 말하고자 하는 바의 말해지지 않은 다른 부분
을 전달한다. 이때 화자는 협력 원리가 지켜진다는 가정 아래 추론
작용을 통해 청자의 수준에 맞게 알아들으리라는 것을 믿고 말하고
청자는 그렇게 이해하는 것으로 요약될 수 있다. 곧 Grice의 협력의
원리는 최대로 효과적이고 타당성 있게 대화참여자들의 역할을 밝혀
주었다고 볼 수 있다.35)

　한편 Grice(1975)는 대화 함축을 다시 일반 대화 함축과 특정
대화 함축(special implicature theory)으로 구분하였다. 일반 대화
함축이란 어떤 특별한 화맥 또는 특별한 대본이 필요 없이 추론되는
대화 함축이다. 특정 대화 함축이란 특별한 화맥이 반드시 필요한 대
화 함축을 말한다.36) 후자에 속하는 특정 대화 함축에 해당하는 것
이 이 글의 간접 화행에 해당한다.

　(39) ㉠ 소금 있어요?
　　　 ㉡ 소금 좀 주시겠습니까?

(39)에서 요청의 의미를 도출하려면 (40)을 함축한다고 보아야 한
다.
　(40) 나에게 소금을 갖다줄 것을 요청합니다.
이런 특정 대화 함축에서는 특별한 화맥이 필요한데 (39)의 발화에서
(40)의 함축 의미를 얻기 위해서는 (41)과 같은 화맥이 필요하다.

　(41) 화자는 발화 당시 식당에서 식사를 하는 중이다.

---

35) 대화참여자는 대화에 필요한 정보를 제공하면서 진실하게 전후관계에 맞
　도록 간단 명료하게 말하여야 한다.
36) 격률의 의도적 위반으로 인한 함축은 대부분 특정 대화 함축에 속한다.

Grice(1975)의 간접 화행에 대한 분석에는 설명의 편의성이란 장점도 있지만 다음과 같은 단점도 있다. 특정 대화 함축이란 특별한 화맥이 반드시 요구되므로 만약 (41)과 같은 상황이 아닌 다른 상황에서 화자가 '소금 있어요?'를 발화할 경우 (40)를 함축한다고 말할 수 없다. 예를 들어 이웃집에 놀러갔다가 대화 도중에 (39)를 발화했다면 이 경우는 상대방에게 '집에 소금이 있느냐?'는 단순한 질문의 의미로 해석된다. 이러한 경우를 특정 대화 함축으로는 설명할 수 없다.

이러한 단점 이외에도 요청의 간접 화행을 수행하는 데 있어 선호되는 발화 형태를 선택하는 기준이 무엇인가를 설명할 수 없는 점도 있다. 예를 들어 (42)를 (41)의 화맥에서 발화한다면 이 문장들은 모두 (40)을 함축한다고 볼 수 있으나 왜 (42)의 발화가 간접 요청을 수행하는 선호 형태가 되지 못하는 지를 밝혀주지 못한다.

(42) ㉠ 소금 갖다줄 수 있을까요?
　　 ㉡ 소금이 있으면 좋겠는데요
　　 ㉢ 소금 좀 갖다주었으면 좋겠는데.

이러한 (특정) 대화 함축의 약점은 문장의 모형이나 문장의 특성과는 무관한 것이기 때문에 왜 (39)가 (42)보다 간접 요청의 해석으로 더 선호되는지를 설명할 수 없다. 이러한 선호 현상은 공손 격률을 적용하면 설명될 수 있는데 (39)가 공손의 격률을 준수함으로써 (40)을 함축 의미로 얻을 수 있지만 (42)은 이 격률을 어기기 때문에 (40)을 함축 의미로 얻을 수 없는 것이다.

이와 같이 특정 대화 함축 이론 단독으로는 간접 화행을 설명하는 데는 무리가 있음을 보았다. 그러나 간접 화행을 설명하는 데 특정 대화 함축의 개념은 상당히 도움이 된다는 점은 인정해야 하며 부수적으로 발생되는 문제점을 해결하기 위해서 정중성의 역할에 대한 체계적인 설명이 필요할 것이다.

2.2.2. 추리 이론

추리 이론(Inference Theory)에 의하면 '창문을 열어 주시겠습니까?'라는 형식은 우선 문자적 힘 가설에 의해 질문이라는 문자적 힘을 가지나 문맥적인 조건을 고려하는 추론에 의해 요청이라는 간접적인 힘도 가지는 것이다. 곧 간접 화행이 문자적 힘을 지니면서 부가적으로 화맥적 조건을 고려하여 이루어지는 추론에 의해 간접적인 화자의 언표내적 힘이 전달된다는 이론이다. 비록 추리 이론이 통사적 형태와 형태소의 분포 등에 대한 문제점은 밝히지 못하나 간접 전달된 발화에서 화자의 의미 파악에는 화맥에 적절한 청자의 추론이 있어야 한다는 것으로 비트겐쉬타인의 언어의 사용법에서 영향을 받은 것으로 이해된다. 이러한 주장은 주로 Austin(1962), Searle(1969, 1975), Gordon & Lakoff(1971), Foman(1974), Clark(1977), Leech(1980, 1983) 따위가 대표적이다.

가. 추론 책략

추론 책략은 Searle(1969, 1975)의 화행 이론에서 시작되었다. 화행 이론은 철학자 Austin(1962)에서 시작되어 그의 제자 Searle(1969)에서 수정되고 보완되었다.[37] Austin(1962)은 일상 언어에는 참이나 거짓의 진술을 표현하기 위해서 사용되지 않고 어떤 일을 능동적으로 행하는 발화가 있음을 보이고 이러한 발화를 수행문이라 하였다. 곧 그의 초기 연구에서는 모든 발화문을 진리치를 가늠할 수 있는 진술문(=단정 발화)과 진리치를 가늠할 수 없는 수행문(=수행

---

37) Austin의 〈How to do things with words〉(1962)는 1955년 하버드 대학에서 화행 이론을 주제로 강연한 'The William James Lectures'의 강의 내용을 사후에 그의 제자인 Urmson이 편집하여 출판하였고 그 후 1975년에 개정판이 새로 나왔다. 이 글에서는 초판과 개정판 모두를 참고하였다. Austin(1962)에서는 진리 조건을 언어 이해의 중심 개념으로 간주하려는 기존의 견해를 뒤엎는 이론을 전개하였는데 이것이 바로 '화행 이론'이다

발화)으로 구분하였다.

(43) 오늘 날씨가 쌀쌀하네.
(44) 생일 축하합니다.

(43)은 우리가 원한다면 실제로 밖에 나가서 그 '서술'의 진위를 확인할 수 있기 때문에 진술문이다. 반면에 (44)는 '생일 축하'라는 기원의 진위를 확인할 수 없기 때문에 수행문(정확하게는 기원문)으로 분류된다. 곧 (44)와 같은 문장은 명제가 아니고 Austin(1962)에 의하면 '무슨 일인가를 하는' 말이기 때문에 진위를 확인할 수 없고 단지 적절한가 비적절한가만을 판단하는 것이다. 그러나 다음과 같이 수행문이면서도 진위를 판단할 수 있는 경우도 있다.

(45) I warn you the bull is going to charge.

(45)의 경우, 경고 행위를 수행하면서 동시에 황소가 달려들 가능성이 없을 때 발화한다면 거짓이 되므로 근본적으로 단정 발화와 수행 발화를 나눈다는 것이 불가능하다. 따라서 Austin(1962)의 뒷부분에서는 모든 발화를 수행 발화로 규정하였다.

이처럼 Austin(1962)은 수행문(또는 수행 발화)의 특성을 밝혀 나가는 과정에서 화행의 '개념, 유형, 적정 조건' 따위를 분석하여 화행 이론을 정립해 갔다.[38] 이 과정에서 Austin(1962)은 언어 행위

---

38) Austin의 화행 이론을 비트겐슈타인의 사용론(Use Theory)과 연관시켜 여기서 영향을 받았다고 하는 사람들도 있다. 하지만 Levinson(1983)에서는 이 화행 이론과 사용론의 유사성은 인정하지만 상호 영향은 없었던 것으로 파악하고 있다. "비트겐슈타인이 후기에 언어 사용과 언어 놀이를 강조한 점과 Austin이 '주어진 대화 상황에서의 전제 화행은 우리가 〔무엇인가를〕 확실히 밝혀 주기 위해서 행하는 실제 현상이다.'라고 한 것은 여러 가지 면에서 유사성이 있다. 그러나 Austin은 비트겐슈타인의 후기 이론을 알지 못했던 것 같으며 따라서 그 이론의 영향을 받은 것 같지 않다. 그러므로 우리는 Austin의 이론을 독립된 것으로 간주할 수 있다(Levinson.1983.chpt5)."

를 언표 행위, 언표내적 행위, 언향적 행위의 세 가지로 구분하고 언표내적 행위를 가장 중심적인 화행으로 보았다. 후기 연구에서는 (47)과 같은 진술의 경우도 화행의 하나라는 관점을 취하면서 화행 이론을 모든 발화에 적용되는 일반 이론으로 발전시켰다. 이러한 Austin(1962)의 화행론은 그의 제자인 Searle(1969)에 의해 이어지고 정돈된 이론으로 발전되었다.

Searle(1969)는 어떤 화행이 충족해야 하는 적정 조건(felicity condition)을 다음 네 가지로 나누었다.

(46) Searle의 적정 조건
　　㉠ 명제 내용 조건(propositional content condition): 시간성을 지니는 어떤 사건 E나 어떤 행위 A(전달하는 문자 그대로의 명제)를 말한다. 예를 들어서 언표내적 효력을 나타내는 장치에 의해서 결정된 명제 내용이 다르면 그 행위 또한 달라진다. '보도'와 '예측'의 차이점을 보면 '보도'는 과거나 현재에 나타날 수 있는 사실을 내포하고 '예측'은 미래에 나타날 사실을 내포한다.
　　㉡ 예비 조건(preparatory condition): 어떤 행위나 사건에 대한 화자와 청자의 준비 상태이다. 곧 언어 행위들이 발화의 언표내적 효력에 관련하고 있을 때 말할이와 들을이의 지위나 위치의 차이 따위로서 나타나는 언어 행위의 구분점이다.
　　㉢ 성실 조건(sincerity condition): 어떤 행위가 수행되거나 어떤 사건이 일어나기를 바라는 화자와 청자의 심적 상태를 말한다. 곧 말할이의 심리적인 상태를 표현하는 것으로서 이것은 하나의 명제 내용이 지니고 있는 모든 언표내적 행위를 수행할 때 말할이가 명제 내용에 대해서 갖는 태도나 상태 등을 표현하는 것이다. 일반적으로 '믿음, 의도, 원함, 기쁨' 같은 언표내적 행위를 분류하는 기준이 된다.
　　㉣ 본질 조건(essential condition): 어떤 화행을 다른 유형의 화행과 구별되게 만드는 결정적인 것으로 어떤 화행이 일어나게 되는 이유를 제시함으로써 청자가 어떤 행위를 하도록 언질을 주거나 청자가 어떤 사건에 대한 인식을 주는 것이다. 또는 행위의 목적이나 지점이 다른 것을 말한다.

이러한 적정 조건에 따라 Searle은 화행을 다섯 가지로 나누었
다.39)

(47) Searle의 화행 분류
　　㉠ 단언 행위(assertives): boast, complain, conclude, describe,
　　　　predict, state
　　㉡ 지시 행위(directives): advise, beg, command, order, plead,
　　　　request
　　㉢ 언약 행위(commissives): bet, consent, guarantee, intend,
　　　　promise, swear
　　㉣ 정표 행위(expressives): apologize, condole, congratulate,
　　　　deplore, thank, welcome
　　㉤ 선언 행위(declarations): appoint, declare, excommunicate,
　　　　fire, pronounce, resign

Searle(1975)는 하나의 언표내적 행위가 (48)에서처럼 다른 행
위를 수행할 목적으로 간접적으로 수행되는 경우를 간접 화행이라고
하였다.

(48) ㉠ Can you reach the book on the shelf? (질문→명령)
　　㉡ I want you to do this for me. (진술→명령)
　　㉢ Would you mind not making so much noise? (질문→요청)
　　㉣ You ought to be more polite to your mother. (진술→요청)

그리고 Searle(1975)은 간접 화행을 해석하기 위한 책략으로
(49)의 4가지 책략을 제시하고 있다.40)

---

39) 언어 행위의 구분은 Austin(1962) 이후로 많은 학자들이 시도했는데
　　‘Searle(1969), Fraser(1974), Katz(1977), Bach-Harnish(1979),
　　Leech(1983)’ 등의 학자들이 대표적이다. 그 중 가장 세부적이면서 화
　　행의 고정성을 인정하는 구분으로는 Bach-Harnish(1979)가 있다. 이
　　들 학자들의 화행 구분에 대해서는 2.1.3을 참조하기 바란다.
40) In indirect speech acts the speaker communicates to the

(49) 간접 화행의 해석 책략

ㄱ 화행 이론(theory of speech act)

ㄴ Grice의 협력의 원리(co-operative principle)

ㄷ 화자와 청자의 상호 공유된 배경 정보(mutually shared background information)

ㄹ 청자의 추론 능력(inference)

위의 4가지 책략과 아울러 간접 화행을 할 수 있는 일반화 원칙에도 네 가지가 있다. 그는 (50)과 같이 요구를 예를 들어 간접 요구의 일반화에 대해 말하였다.41)

---

hearer more than he actually says by way of relying on their mutually shared background information, both linguistic and nonlinguistic,

together with the general powers of rationality and inference on the part of the hearer. To be more specific, the apparatus necessary to explain the indirect part of indirect speech acts includes a theory of speech acts, certain general principles of cooperative conversation, and mutually shared factual background information of the speaker and the hearer, together with an ability on the part of the hearer to make inferences (Searle, 1975:60-61). 간접 화행에서 화자는 화자 스스로가 말하려는 것 이상의 것으로써 청자와 서로의 배경 정보에 바탕을 둔 발화 이상의 것을 사용하며 의사 소통을 한다. 이때 화자가 사용하는 배경 정보는 언어적 일 수도 있고 비언어적 일 수도 있다. 또한 청자가 사용하는 것은 추론과 합리적인 측면이다. 더 구체적으로 말하면 간접 화행을 설명하는 데에 필요한 것은 화행 이론, 협력의 원리와 화자와 청자가 공유하고 있는 배경 정보와 추론을 가능하게 하는 청자의 능력이다.

41) Generalization 1: S can make an indirect request (or other directive) by either asking whether or stating that a preparatory condition concerning H's ability to do A obtains.

Generalization 2: S can make an indirect directive by either asking whether or stating that the propositional content condition obtains.

Generalization 3: S can make an indirect directive by stating that the sincerity condition obtains, but not by

(50) 간접 요구의 일반화 원칙
> 일반화 1: 화자는 어떤 행위를 수행할 청자의 능력에 대한 예비성 조건이 행해지는 지를 질문하거나 서술함으로써 간접적 요구를 할 수 있다.
>
> 일반화 2: 화자는 명제 내용 조건이 행해지는 지를 질문하거나 서술함으로써 간접적 요구를 할 수 있다.
>
> 일반화 3: 화자는 성실성 조건이 행해지는 지를 서술함으로써 간접적 요구를 할 수 있지만 그것이 행해지는 지를 질문함으로써는 그렇게 할 수 없다.
>
> 일반화 4: 화자는 어떤 행위를 행할 만한 충분한 혹은 우선적인 이유가 있는 지를 서술하거나 질문함으로써 간접적 요구를 할 수 있다. 그러나 그 이유가 청자가 어떤 행위를 행하기를 원하는 데 있을 경우는 예외다. 그런 경우에는 화자는 오로지 청자가 어떤 행위를 하기를 원하는 지에 대해 질문함으로써 요구할 수 있다.

이상의 논의가 화자의 간접 화행을 생산 측면에서 살핀 것이라면 Searle (1969, 1975)는 청자의 이해 측면에서 하나의 발화에 대한 해석 단계에 대해 분석하였다. 예를 들어 식탁에서 X가 Y에게 소금을 전해달라고 요구할 목적으로 "Can you pass me the salt?"라는 발화를 했다고 하면 Searle(1975:73)은 그의 4가지 책략과 일반화에 입각해서 Y가 X의 간접 화행의 의미를 해석하는 과정을 (51)에서처럼 10단계로 구성해서 설명하였다.42)

---

asking whether it obtains.
Generalization 4: S can make an indirect directive by either stating that or asking whether there are good or overriding reasons for doing A, except where the reason is that H wants or wishes, etc., to do A, in which case he can only ask whether H wants, wishes, etc., to do A.
42) Step 1: Y has asked me a question as to whether I have the ability to pass the salt (facts about the convertsation).

(51) 간접 요청(요구)의 해석 단계
    단계 1: S는 내가 소금을 건네줄 능력에 대해서 물었다(대화상의 사
         실에 의해서).
    단계 2: 나는 그가 대화에 협력을 하고 있고 그의 발화가 어떤 목적

Step 2: I assume that he is cooperating in the conversation and that therefore his utterance has some aim or point (factual background information).

Step 3: The conversational setting is not such as to indicate a theoretical interest in my salt-passing ability (factual background information).

Step 4: Furthermore, he probably already knows that the answer to the question is yes (factual background information). (This step facilitates the move to Step 5, but is not essential.)

Step 5: Therefore, his utterance is probably not just a question. It probably has some ulterior illocutionary point (inference from Steps 1,2,3, and 4). What can it be?

Step 6: A preparatory condition for any directive illocutionary act is the ability of H to perform the act predicated in the propositional content condition (theory of speech acts).

Step 7: Therefore, X has asked me a question the affirmative answer to which would entail that the preparatory condition for requesting me to pass the salt is satisfied (inference from Steps 1 and 6).

Step 8: We are now at dinner and people normally use salt at dinner; they pass it back and forth, try to get others to pass it back and forth, etc. (background information).

Step 9: He has therefore alluded to the satisfaction of a preparatory condition for a request whose obedience conditions it is quite likely he wants me to bring about (inference from Steps 7 and 8).

Step 10: Therefore, in the absence of any other plausible illocutionary point, he is probably requesting me to pass him the salt (inference from Steps 5 and 9).

을 갖고 있다고 가정한다(대화협력의 원리에 의해서).

단계 3: 대화의 배경은 나의 소금 건네줄 능력에 대한 공론적 관심을 표시하는 그런 것이 아니다(사실적 배경 정보에 의해서).

단계 4: 더군다나 그는 아마도 이미 그 질문에 대한 대답이 'yes'라는 것을 안다(사실적 배경 정보에 의해서). (이 단계는 단계 5에로의 이동을 촉진시켜 주지만 본질적인 것은 아니다.)

단계 5: 그러므로 그의 발화는 아마도 단지 질문이 아닌 어떤 다른 발화수반 목적을 갖고 있다(단계 1,2,3,4로부터의 추론에 의해). 그렇다면 그 목적은 무엇인가?

단계 6: 요구라는 언표내적 행위의 준비성 조건은 H가 명제 내용 조건 안에서 서술된 행위를 수행할 능력이 있다는 것이다(화행론에 의해서).

단계 7: 그래서 S는 나에게 소금을 건네달라는 요구의 준비성 조건이 만족되는 것을 함의하기 위해서 긍정적인 대답을 물었다(단계 1, 6으로부터의 추론에 의해서).

단계 8: 우리는 지금 식탁에 앉아 있고 사람들은 보통 식탁에서 소금을 사용하며 그것을 앞뒤로 건네주도록 시도하기도 한다(배경 정보에 의해서).

단계 9: 그렇기 때문에 그는 요구의 준비성 조건을 만족시키는 것에 대해서 언급했다. 그것을 준수함으로써 나는 그가 내가 무엇을 하기를 원하고 있다고 생각할 수 있다(단계 7,8로부터의 추론에 의해서).

단계 10: 그러므로 어떤 다른 발화수반 목적의 가능성이 배제된 경우에 그는 아마도 네가 그에게 소금을 건네주도록 요구하고 있는 것이다(단계 5, 9로부터의 추론에 의해서).

위에서 본 Searle의 추론 책략은 대략 다음 두 가지로 대별할 수 있다. 첫째는 문장의 문자적 의미에 내포된 언표내적 목적을 초월한 어떤 다른 목적의 존재를 확인하는 방법이고 둘째는 그러한 목적이 무엇인지를 밝혀내는 장치이다. 그런데 전자는 청자와 화자의 정보에 대하여 작용하는 대화 원리에 의해서 계획되고 후자는 배경 정보와 화행론으로부터 도출된다. 추론 책략은 화용론적 추론의 일반 이론에 해당한다. 그렇기 때문에 이런 접근은 Gordon & Lakoff(1971)의 것과는 달리 간접 화행은 물론 화자의 의도와 문장 의미가 심각하게 다른 영역 곧 은유법, 반어법, 과장법, 완서법 등의 현상까지 광범위 하게 설명할 수 있는 장점을 지닌다.

　　현재까지 나타난 Searle의 추론 책략의 문제점은 간접 화행의 주 된 동기 곧 정중성의 역할에 대해서 체계적인 설명을 못하였다는 점 이다. 이러한 정중성의 역할을 Searle은 관용적인 용법으로 처리하였 을 뿐이고 현재까지는 그의 방법을 따르는 것이 일반적이지만 앞으로 는 해결해야 할 문제일 것이다. 아래는 Searle이 관용적인 용법에 대 해 언급한 내용으로, 간접적으로 요청하게 되는 주된 동기는 '정중함' 이며 정중한 간접 요청으로 굳어진 몇몇 관습적 표현이 있음을 주장 하고 있다.

(52) '...할 수 있습니까,"당신이 하기를 바란다'나 그 밖의 다른 형태 들이 관용구라는 전제 아래에 이들은 요청 화행을 수행하는 전형 적인 방법이라고 본다. 그러나 동시에 이들이 관용구가 아니라면 명령(요청)의 의미를 지닌다고는 보지 않는다. 정중성은 일반적으 로 요청 화행에 간접성을 부여한다. 특히 일부 특정 형태는 정중 한 방법으로 간접 요청을 하는 관습적인 형태로 볼 수 있다43).

　　이상 Searle의 추론 책략이 지니는 문제점은 정중성의 역할에 대

---

43) I am suggesting that 'can you,' 'could you,' 'I want you to', and numerous other forms are conventional ways of making requests (and in that case it is not incorrect to say they are idioms), but at the same time they do not have an imperative meaning (and in that sense it would be incorrect to say they are idioms). Politeness is the most prominent motivation for indirectness in requests, and certain forms naturally tend to become the conventionally polite ways of making indirect requests.

한 체계적인 설명이 부족하다는 것이다. 그러므로 이러한 문제점을 해결하기 위해서 정중성의 역할에 대한 체계적인 설명이 필요하다44). 또한 일반화 4는 청자에 근거한 성실성 조건을 본질적 조건과 무분별하게 사용하고 있다. 보다 효과적인 일반화를 위해서 양자는 분명히 구별되어야만 할 필요가 있다고 본다. 이에 이 글의 4장에서는 이러한 문제점을 보완하기 위해서 정중성의 역할을 간접 화행의 분석에 적용할 것이며 일반화 4의 설정에서 성실 조건과 본질 조건의 무분별한 사용을 피하면서 간접 화행 현상을 설명하겠다.

나. 대화 공준

Gorden & Lakoff(1971)는 간접 화행을 '어떤 환경에서 어떤 것을 말하는 것이 다른 의사 소통을 초래하는 경우'라고 하였다. 곧 어떤 상황에서 말을 한다는 것은 또 다른 의사 소통을 함의한다는 것을 의미한다. 이 경우에 해당 발화의 의미 해석을 생성 의미론적으로 형식화하고 이를 문장에서 형태소의 분포를 지배하는 문법 규칙으로 설명하려 하였다. 이것이 바로 '대화 공준(Conversational Postulate)' 이다.

'대화 공준'을 설정하는 목적은 첫째 대화상의 원리들을 생성 의미론의 영역 안으로 끌어들이는 동시에 둘째 이러한 원리에 입각하여 주어진 문장 안에 의미 단위들의 분포를 관장하는 규칙이 있음을 보이기 위함이다. 다시 말해서 하나의 발화는 화맥에 의해 간접 화행을 추론하지만 이들이 분석의 출발로 갖는 표면 구조의 문자적 의미는 수행 가설 안에서 얻어진다. 곧 '대화 공준'은 수행 가설45)의 가정 아

---

44) 간접 화행은 정중성의 기능을 지니지만 연속적인 간접 화행의 사용은 오히려 정중성의 기능을 상실하게 한다. 예를 들어서 '문 좀 열어주시겠어요. 문 좀 열어주시겠어요. 문 좀 열어주시겠어요.'와 같이 같은 말을 계속 되풀이하게 되면 정중성을 지닌 간접 화행의 기능은 상실되고 만다.
45) '수행 가설'은 Ross(1970)가 주장하였고 Sadock(1974)에 와서는 '확대 수행 가설'로 발전하였다.

래서 충족된 문자적 의미와 화맥적 요인을 참조하여 관련된 간접적인 힘을 도출해 내는 특정 추론 이론이다. 특히 대화 공준은 Carnap (1942)의 '의미 공준'과 비슷하여 해석을 화맥에 의존하여 수행하는 것으로 보았다46).

Gordon & Lakoff(1971)는 요구를 위한 간접 화행의 분석을 위하여 성실성의 개념을 특징짓는 네 가지의 대화 공준을 제시했다.

(53) 간접 화행의 분석을 위한 대화 공준
    ㉠ 화자에 근거한 성실성 조건을 단언함으로써
    ㉡ 혹은 청자에 근거한 성실성 조건을 질문함으로써 간접적으로 요구할 수 있다.
    ㉢ 하지만 덜 정중하다 할지라도
    ㉣ 우리는 대화 공준에 위배되는 방법에 의해서 곧 청자에 근거한 성실성 조건을 단언함으로써 간접적 의미를 전달할 수 있다.

Gordon & Lakoff(1971)에 의한 간접 화행의 의미 분석은 다음과 같다. 하나의 발화가 있을 때 그것의 의미는 발화된 문장의 표면 구조를 기점으로 해서 분석된다. 그렇기 때문에 발화된 문장의 하위 논리 구조는 그것의 언표내적 힘과 상관없이 표면에 나타난 구조의 심층 구조와 같게 된다.

| Logical structure | → Conversational Postulates → | Logical structure |

---

46) Carnap의 의미 공준은 모형을 이루고 있는 기하학적 내적 구조를 보다 정교하게 하는 것이다. 곧 기존의 모형은 순서쌍들의 집합인데 단순한 개체들의 순서쌍들을 열거하는 것은 실제 세계에 대한 기술적 타당성을 확보하지 못한다. 실제 세계의 현상들은 긴밀한 관계 속에서 존재하므로 그것의 모형적 기술인 다양한 순서쌍들의 집합(또는 그 순서쌍들의 집합을 구성하는 원소들의 일부분들의 집합)은 일련의 집합적 관계 특히 교집합을 보일 수 있는데 단순한 순서쌍들의 집합의 나열만으로는 이러한 교집합적인 부분들이 명시적으로 드러나지 않기 때문이다.

예를 들면 'Can you pass me the salt?'라는 문장의 논리 구조
는 'I ask you to tell me whether you can pass me the salt.'
로 보아야 한다. 그런데 맥락상 그 발화에 대한 문자적 의미의 부여
가 부적절하다고 판명된다면 그 발화는 대화 공준에 의해서 간접적
효력을 갖게 되므로 다음의 문장 'Can you pass me the salt?'라
는 문장은 수행적 가설에 따라서 (54)와 같은 논리적 형식을 취하게
된다. (54)와 같은 논리적 형식을 취하려면 'Can you VP?'를 질문
의 뜻이 의도될 수 없는 화맥에서 말하여야 한다는 것이다.

(54) Can you pass me the salt?

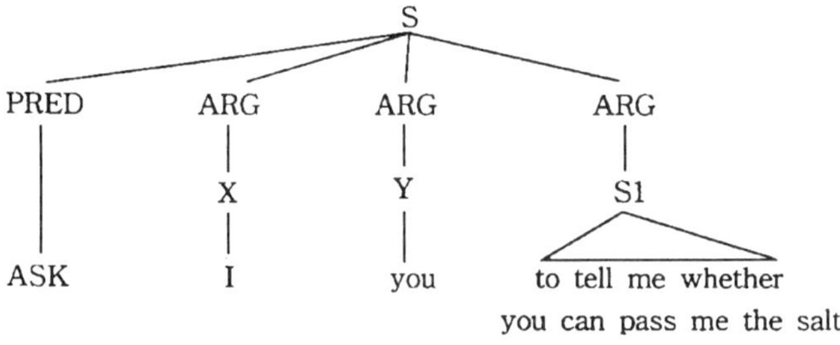

또한 Lakoff(1975)는 대화 공준의 기초를 제공하는 맥락-의존적
함의(context dependent entailment)를 다음과 같이 제시하였다.

(55) X(P) entails Q(Where P and Q are logical structures and X
    is a finite set of logical structure) if and only if Q is
    satisfied in all models at all point of reference at which X
    and P are satisfied(Q가 X와 P에 의해서 만족되는 모든 지시물에
    의해 만족할 때에는 P가 Q를 함의한다.).

위와 같은 맥락-의존적 함의에 따른다면 대화상 함축된 의미는 어떤
맥락 안에서의 수행적 발화의 논리적 함의가 될 것이다. 곧 '-해주시

겠습니까' 또는 '-할 수 있습니까'라는 문장이 지니는 의미는 맥락 의존적 함의를 지니는데 이것이 지니는 직접적 혹은 간접적 의미는 상호 배타적 성격을 띠게 되어서 질문이 의도될 수 없는 화맥에서는 오직 요청만을 의미하고 질문이 의도되는 화맥에서는 오직 질문만을 의미하는 것이다.

그러므로 Gordon & Lakoff(1971)는 문자적 의미와 전달된 의미 간의 관계를 설명하는 적절한 방법은 '수행적 가설, 맥락-의존적 함의 그리고 대화 공준'에 의존하는 것으로 보았다47). 또한 이들은 간접 화행을 적격형의 표면 구조나 심층 구조를 생성하는 문법 규칙의 기능이라기보다는 오히려 자연 논리의 기능이라고 보았다. 그러나 (56)과 같은 제한된 조건에 의하면 (57)과 (58)은 청자에 근거한 성실성 조건을 단언하는 것이므로 부적절하다. 실제적으로 (57)과 (58)은 (59)와 같은 요구의 의미로 전달된다.

> (56) 우리는 ① 화자에 근거한 성실성 조건을 단언함으로써 혹은 ② 청자에 근거한 성실성 조건을 질문함으로써 어떤 요구를 전달할 수 있다.(Gordon & Lakoff. 1971).
> (57) You can open the door.
> (58) You will be so kind as to open the door.
> (59) I want you to open the door.

(60)㉠처럼 화자가 청자에게 어떤 일(Q)을 원한다고 말하거나 또는 (60)㉡처럼 화자가 청자에게 Q를 할 수 있느냐고 물으면 특정한 화맥(직접화행이 배제되는 화맥)에서 이러한 발화는 '화자가 청자에게

---

47) Lakoff(1973)는 정중함을 취하는 3가지 규칙을 제시하였다.
　㉠ 대화참여자 사이의 지위나 위치에 차이가 있어 가장 형식적 정중성의 원칙을 지킨다.
　㉡ 비슷한 처지나 지위에 있지만 아주 친한 경우가 아니다.
　㉢ 우호적이고 친밀한 정중성으로 얘기해야 한다. 예를 들어서 절친한 친구, 연인 사이에는 정중성은 필요가 없다. 이때에는 간접 발화는 서로를 잘 알지 못하기 때문이다.

어떤 일을 요청한다'는 화행으로 해석된다.

(60) ㉠ I want you to close the door.
　　 ㉡ Can you close the door?
(61) I request you to close the door.

다시 말해서 (60)㉠-㉡은 대화적으로 (61)을 함의하게 되는 것이다. 이러한 관계를 대화 공준으로 형식화하면 다음과 같다.

(62) ㉠ SAY(a, b, WANT(a, Q))* → REQUEST(a, b, Q)
　　 ㉡ ASK(a, b, CAN(b, Q))* → REQUEST(a, b, Q)

(62)에서 SAY, ASK, REQUEST는 수행 동사이며 별표(*)는 직접 화행의 해석이 배제된 화맥임을 말한다. 이런 장치는 결국 간접 화행은 직접 화행이 배제되는 화맥의존적 추론으로 분석하는 입장이다. Gorden & Lakoff(1971)의 이러한 대화 공준 이론은 수행문 가설과 마찬가지로 생성의미론자들이 의미의 문제를 통사적 변형이나 규칙으로 처리하려는 것과 궤를 같이 한다.

국어의 경우에는 청자에 근거한 성실 조건을 만족하기 위해 질문에 '좀'과 봉사적 도움을 나타내는 보조 용언 '주다' 가운데 최소한 하나라도 명시적으로 나타내야 한다. 여기서는 질문의 형식을 이용한 요청의 간접 화행을 보겠다. (63)은 (63)´처럼 공식화할 수 있다.

(63) ㉠ 쓰레기를 좀 치워 줄 수 있니?
　　 ㉡ 쓰레기를 좀 치울 수 있니?
　　 ㉢ 쓰레기를 치워 줄 수 있니?

(63)´ 묻다(+좀) (a, b, 수 있다 (b, Q(+주다))) * → 요청하다(b, Q(+주다))

실제로 (64)㉠과 같은 'Why ... you ...?'의 질문문은 질문과 제안의 화행을 동시에 나타내는데 이 why- 질문문에서 주어와 시제가 빠져 있으면 질문의 뜻은 없어지고 제안의 화행만 남게 된다고 보았다. 그리하여 대화 공준에 합리성 조건(reasonable condition)을 설정하였다. 이에 따라 주어 'you'와 시제 표시가 생략되는 통사 규칙을 제시하였다. (64)ⓒ은 그 예가 된다.

(64) ㉠ Why do you paint your house purple?
　　　 1. 질문　　　　　 2. (그렇게 칠하지 말라는) 권유, 제안
　　ⓒ Why paint your house purple?
　　　 권유, 제안

그러나 (64)는 영어에서는 적용이 되지만 국어에 적용하기는 힘들다고 본다. 왜냐하면 대화 공준에서 설명하는 것은 영어와 같이 어순이 고정적인 경우에는 간접 화행에 대한 설명이 용이하나 국어는 표지가 붙어서 영어와는 달리 어순이 비교적 자유스럽기 때문이다.

이와 같이 대화 공준에 의한 간접 화행에 대한 분석은 실제 세계에 대한 인식을 반영하고 있는 어휘들의 핵심 의미들 사이에 존재하는 논리적 상호 관계라는 점을 부각하는 것이다. 결국 어휘 의미들 사이의 논리적 관계를 자연 어휘의 의미로 파악하는 것으로 자연적 의미 관계를 어떻게 형식화할 것인가에 대한 과제를 남겨 놓았다고 볼 수 있다. 그러나 간접 화행을 포함한 자연 의미의 형식화는 아직까지는 미해결 작업이며 장석진(1991.12쪽)에서 말했듯이 화용론적 추론을 진리 조건적으로 표시하는 것은 발화를 대상으로 한 언어 분석에는 한계가 있는 것이다48).

---

48) 진리조건 의미론에 의한 화행의 분석의 단점을 보완하기 위해서 상황의 미론적 관점에서 화행을 분석하려는 Devlin(1990)의 시도가 있다. 그러나 이러한 시도는 윤홍섭(1991)에서 말했듯이 화행을 분석하기에는 부적당하다는 것이 지적되었다.

다. 다리놓기 이론

간접 화행에 대한 접근법으로 '다리놓기 이론(Bridging Theory)'에 근거한 분석을 할 수 있다. '다리놓기'라는 개념은 두 문장들 간의 지시적 연결 관계(referential connection)를 설명하기 위해 Clark (1977)이 제안하였다.

(65)에서 청자는 '그'와 '철수'가 동일 지시(co-reference)를 가진다고 가정함으로써 '그'에 지시(reference)를 할당한다.

(65) 철수는 어제 도착하였다. 그는 매우 기분이 좋아 보였다.

그러나 Clark(1977)은 많은 경우에 지시 표현의 해석이 이전의 발화에 직접 언급되지는 않으나 청자가 알고 있거나 믿고 있는 것에 근거하여 일련의 추론 과정(inferences)에 의해 세워지는 가정들(assumptions)에 의해 다리가 놓이는 것으로 보았다. 예를 들어 (66)의 첫 발화문은 냉장고가 문을 가지고 있다는 가정에 의해 (67)의 '그 문'에 선행사(antecedent)를 제공한다.

(66) 철수는 냉장고를 샀다.
(67) 그 문은 몇 주 후에 떨어졌다.

위 문장에서 '냉장고'와 '그 문'이라는 명사구를 지시적으로 연결할 수 있으려면 (67)의 '그 문'이 '철수가 산 냉장고의 문'을 지시한다는 것을 알아야 하며 또한 (68)같은 추론 함축 가정(implicated assumption)이 필요하다.

(68) 그 냉장고에는 문이 달려 있다.

(68)과 같이 청자의 지식이나 믿음을 근거로 일련의 추론 과정을 거쳐 얻어낸 가정을 다리놓기 가정이라고 한다. 그런데 문제는 하나 이

상의 다리(bridge)가 존재할 수도 있다는 것이다. 냉장고는 일반적으로 문을 가지고 있지만 (69)에서 방은 일반적으로 샹들리에를 가지고 있는 것은 아니다. 그러므로 (69)의 샹들리에를 해석하기 위해서는 발화의 처음 부분에 언급하여야만 해석이 가능하다.

　　(69) 나는 방으로 걸어 들어갔다. 그 샹들리에는 밝게 켜 있었다.

　　그러므로 Clark(1977)은 청자가 발화를 이해하기 위해서는 꼭 필요한 가정들을 구성해야 한다고 보았다. 곧 (66), (69)의 청자에 의해 세워진 다리놓기 가정은 각각 (70)과 (71)이 될 것이다.

　　(70) 그 냉장고에는 문이 달려 있다.
　　(71) 그 방에는 샹들리에가 달려 있다.

그러나 청자가 이 문장의 발화 이전에 이러한 가정들에 접근했을 필요는 없다. 예를 들어 (69)를 해석하기 위해 방에 샹들리에가 있다는 것을 미리 알 필요는 없다. 청자는 발화 후 화자가 관련성 원리를 준수했다는 가정에서 방에 샹들리에가 있다는 가설에 접근할 수 있는 것이다. 따라서 (70)과 (71)의 가정을 함축 가정(implicated-assumptions)이라고 부른다. 위에서 설정한 가정들의 역할은 발화의 지시 내용을 세우는 것이다. 곧 (70)의 함축 가정은 청자가 '그 문'의 선행사로 접근하게 함으로써 (67)의 발화의 지시 내용을 밝혀주는 역할을 한다. 이는 청자가 (70)에 의해 접근 가능하게 만들어진 마음의 표상(mental representation)을 그 발화의 명제적 내용에 합친다는 것을 의미한다. 지표 표시(indexing)를 사용하여 이 발화의 명제적 내용을 표시할 수 있다.

　　이와 같이 청자는 그의 백과사전적 지식으로부터 냉장고가 문을 가졌다는 가설에 접근할 수 있다. 그러나 이와 똑같이 이동주택에 문이 있다는 가설에도 접근할 수 있다. 이때 어떠한 다리놓기(bridging)를 사용해야 하는가 하는 것이 문제가 된다.

(72) 철수는 냉장고를 사서 그것을 자신의 이동 주택에 설치하였다. 몇
　　　주 후에 그 문이 떨어졌다.

(72)에서 대부분의 청자는 문을 이동주택의 문으로보다는 냉장고의 문으로 해석하게 된다. '냉장고의 문'으로 해석하는 것은 지시를 할당하는 청자의 목적은 화자가 분명히 그렇게 예측할 수 있었던 방식으로 최선의 관련성(optimal relevance)을 가진 명제를 세우는 것이다. 물론 이동 주택의 문이 떨어져 나간 것이 관련성이 있는 화맥이 될 수 있다. 그러나 무엇인가를 새로 샀다는 것에 관심을 둔다면 '냉장고의 문'에 관련성이 있는 화맥을 세우기가 훨씬 쉽다. 곧 지시의 할당은 지시자(referent)의 접근 가능성뿐 아니라 화자에 의해 표현된 명제와 관련성이 있는 화맥의 접근 가능성에도 의존함을 보여 주는 것이다.

라. 암시 책략

Leech(1980:83)는 대화란 목표 지향적 행위이며 상호 작용적 책략의 수행에 의해 이루어지는 것으로 보았다. 곧 대화 참여자는 각기 다양한 언표내적 목표를 가지며 이러한 목표를 성취하기 위하여 책략을 사용한다. Leech는 이를 '암시 책략(Hinting Strategy)'이라고 하였다. 또한 그는 이런 목표의 성취를 위한 암시 책략 이외에 대화 참여자가 준수하는 공손법 원리(politeness principle)도 함께 제시하고 있다.49) 대화를 이끌어 갈 때 Grice(1967)가 제시한 협동의

---

49) Leech(1983:132)에서 제시한 공손의 원리에 6개의 하위 격률을 설정
　　하였다. 각각의 격률을 규정하였다.
　　가. 대화 요령의 격률(Tact Maxim)
　　　　㉠ 상대방에게 부담을 최소화하라.
　　　　㉡ 상대방에게 이익을 최대화하라.
　　나. 관용의 격률(Generosity Maxim)
　　　　㉠ 자신에게 이익을 최소화하라.
　　　　㉡ 자신에게 부담을 최대화하라.
　　다. 칭찬의 격률(Approbation Maxim)

원리가 이 가정된 언표내적 목표에 기여하도록 발화를 조절하는 역할
을 하지만 어떤 상황에서는 공손법 원리가 더 강력한 동기가 되어 공
손법 원리가 단지 협동 원리를 보조해 주는 원리가 아니라 필요 요건
으로서 협동 원리를 구제해 주는 경우가 있다는 것이다.

> (73) 엄마: 누군가 빵을 먹었네.
>   아들: 저는 아니에요.

(73)에서 엄마와 아들 간의 대화에서 아들의 대답은 분명히 관련성이
없다. 관련성(relation)의 격률을 어기는 이런 상황에서 부모의 발언
은 아이를 의심하고 있음을 함축하게 된다. 이러한 간접성(indirect-
ness)은 아이에 대한 공손법(politeness)에 기인한다. 그러므로 위
의 대화에서 아이는 대화 협동 원리를 어기고 있기는 하지만 공손법
원리를 준수하고 있기 때문에 수용 가능한 것이 되는 것이다. 특히
협동 원리의 네 가지 격률 가운데 관련성의 격률과 간접 화행의 해석과
관련하여 Leech(1980:112-114)는 '암시 책략(Hinting Strategy)'
을 주장하였다.[50] 다음의 예는 이러한 '암시 책략'이 실제 대화에서

       ㉠ 상대방에게 비방을 최소화하라.
       ㉡ 상대방에게 칭찬을 최대화하라.
   라. 겸손의 격률(Modesty Maxim)
       ㉠ 자신에 대한 칭찬을 최소화하라.
       ㉡ 자신에 대한 비방을 최대화하라.
   마. 동의의 격률(Agreement Maxim)
       ㉠ 상대방과 자신간의 이질감을 최소화하라.
       ㉡ 상대방과 자신간의 일체감을 최대화하라.
   바. 공감의 격률(Symphathy Maxim)
       ㉠ 상대방과 자신간의 반감을 최소화하라.
       ㉡ 상대방과 자신간의 공감을 최대화하라.

50) Leech(1980)의 Tact Maxim에 의하면 "Can you X?"와 "Will you
    X?"의 문장은 청자의 입장에서 다음과 같이 설명이 가능하다.
  (1) 화자는 내가 X를 수행하기를 기꺼이 하는지 또한 수행할 수 있는
     지 어떤지를 물었다.
  (2) 정보를 위한 요청으로서 가장 직접적으로 해석되는 이 질문은 맥락

어떻게 발생하는가를 보여 준다.

(74) 갑1: 불 있습니까?
     갑2: 불 좀 주세요.

(74)에서 질문으로 하나의 언표내적 행위를 발화할 때 그것의 목표는 다른 언표내적 행위 곧 요청을 수행하기 위한 부수의 목적이라는 전략이 '암시 책략'이다. 곧 갑2 수행의 선행 조건인 화행 갑1은 비공식적인 것으로서 갑2가 행위를 할 수 있는 조건의 성취를 위한 수단이 되는 것이다. 그러므로 갑1의 발화는 갑2의 대용물(surrogate)인 것이다. 다음의 대화도 마찬가지로 해석될 수 있다.

(75) 갑: 불 좀 빌릴 수 있습니까?
    을: 여기 있습니다.

(75)의 대화는 (76)과 같이 더 정교한 대화의 간략한 표현(short circuiting)이라고 생각할 수 있다.

(76) 갑: 불 좀 빌릴 수 있습니까?
    을: 네.

에 관련이 없다(Maxim of Relation).
(3) 그러므로 이 질문에 관한 관련 있는 덜 직접적인 해석이 있어야 한다(Maxim of Relation).
(4) 이 질문은 화자가 나로 하여금 X를 하도록 원한다면 관련 있다(Maxim of Relation: Hinting Strategy).
(5) 더욱이 화자가 Tact Maxim을 빼놓을 수 없는 정도로 준수하고 있고 또 내가 Tact Maxim을 준수하고 있다고 화자가 가정하고 있다면 이것은 화자가 나로 하여금 X를 하도록 시키는 것에 관하여 사용할 수 있는 가장 간결하고 명료한 방법이다(Tact Maxim, Maxim of Quantity, Maxim of Manner).
(6) 그러므로 그 명백한 가정은 화자가 "Can/Will you X?"를 나로 하여금 X를 하도록 시키기 위하여 발화했다는 것이다.

갑: 빌릴 수 있으면 지금 불 좀 주세요.
을: 여기 있습니다.

다른 예를 보자.

(77) 갑: 이 가위는 파는 겁니까?
　　 을: 큰 것으로 하시겠습니까 작은 것으로 하시겠습니까?

(77)에서 갑의 질문은 직접적으로 정보를 얻는 수단이었고 간접적으로는 또 다른 요청의 목적으로 쓰였다는 것을 알 수 있다. 곧 갑의 궁극적 언표내적 목적(ulterior illocutionary goal)을 달성할 수 있도록 도와줄 목적으로 을이 협력적으로 대답하고 있다는 사실에서 숨은 언표내적 목적이 인식되고 있는 것을 알 수 있다. 이것은 손님과 점원이라는 상황에 적절한 관련성이 있기 때문에 이런 추론이 가능한 것이다.

　Leech(1980)는 발화란 청자와 화자의 대화적 목표에 기여하는 범위 안에서 관련성을 갖게 되므로 간접 화행에 대한 언표내적 힘이 확실한 여러 가지 화맥을 염두에 두고 화자의 의미를 파악해야한다는 견해를 밝히며 화용론적 설명이 '범위의 다양성(scalar variability)'과 '의미의 불확정성(indeterminacies)'를 내포하는 것으로 보았다. 또한 간접 화행을 이용하는 의도 또한 간접 화행을 이해하는 데 필수 불가결한 조건이므로 Mohan(1974)은 이런 '의도'를 '이차적 함축(secondary implicature)'이라고 하였으며, Leech(1980)는 공손법 원리에 의해 간접 화행이 발생한다고 주장함으로써 공손법 원리의 중요성을 부각하였다.

　Leech(1980, 1983)은 간접 화행을 설명하기 위해서는 Grice(1967)의 대화 협력의 원리와 4가지 격률 이외에 공손의 원리와 그 하위 격률들로 이루어진 암시 책략이 필요함을 주장하였다. 실제로 암시 책략을 대화에 적용한 결과는 위에서 보았듯이 이들 공손의 원리들이 협력의 원리 가운데 관계의 격률에 부수적으로 나타난 듯이

보이지만 실제로는 청자의 추론을 가능하게 하고 대화의 지속을 가능
하게 하는 중요한 역할을 한다. 그 특징은 관계의 격률과 유사하지만
실제 역할은 화행에 대한 각종 추론을 가능하게 한다는 점에서 암시
책략과 그 하위 격률은 간접 화행의 설명에 유용하다고 본다.

2.2.3. 확대 수행문 가설

언어 철학적인 관점에서 출발한 Austin의 수행문과 언표내적 행위에
대한 연구는 1960년대 말에 생성문법학자 Ross(1970)가 영어의 평
서문을 기술함에 있어서 모든 평서문의 기저에 심층구조로 수행문을
최상위문으로 설정하는 분석 기술에 도입되었다. 이를 '수행가설(Pe-
rformative Hypothesis)'이라 부르게 되었고 그 후로 Sadock(1972)
에 의해 '확대 수행 가설(Extended Performative Hypothesis)'로
발전하였다.
　　이런 수행 가설의 연원은 Alston(1964:38)의 제안에서 볼 수
있다. Alston은 '단어의 의미'는 언표내적 힘이 포함된 단어의 의미로
정의될 수 있다고 하였다.

> (78) W는 X를 언급(=지시)한다. =정의 낱말 W는 문장 S 속에서 S가
> 　　　X에 관한 문장이라는 사실이 명백해지도록 사용될 수 있다[51].

W1과 W2는 문장 안에서 유사한 언표내적 행위를 지님으로써 동의
어라고 부를 수 있다. 곧 Alston(1964)은 이것을 동의어에 대한 정
의로 보고 있다. 그러나 단어들이 개별적으로는 언표내적 행위를 구
성할 수 없기 때문에 Alston은 단어들이 어떻게 스스로 의미를 지니

---

51) A meaning of W1 is W2. In most sentences in which W2
　　occurs, W1 can be substituted for it without changing the ill-
　　ocutionary act potential of the sentence. 단어1의 의미는 단어2이
　　다. 곧 단어1이 나타나는 대부분의 문장에서 단어1은 문장의 언표내적
　　행위에 어떤 변화를 주지 않는다면 단어2로 대체될 수 있다.

는 지를 설명할 수 없었다. 예를 들면 'cow'의 의미는 우유를 생산하는 소과 동물로서의 소(cow)의 정의나 어떤 느낌에 의존하기보다는 오히려 단어 'cow'가 사용될 수 있는 언표내적 행위의 모든 기능을 그 의미로 볼 수 있다(Leech.1983. p20).

(79) ㉠ Be careful.
    ㉡ I impere you [that you be careful].
    ㉢ I ordered you to be careful.

수행 가설에 의하면 (79)㉠의 심층 구조는 (79)㉡이 된다. (79)㉡에 수의적 수행문 삭제 규칙이 적용되면 (79)㉠이 도출된다. 곧 수행 가설에 의하면 모든 문장의 심층 구조에는 수행문이 존재한다. 그러나 (79)㉢과 같은 명시적 수행문은 수행문 삭제 규칙이 적용되지 않는 특수한 문장이다.

수행 가설의 입장에서 Sadock(1974:19)은 '언표내적 힘'을 문법 범주 안에서 (80)과 같이 정의하고 있다.

(80) "Illocutionary force is that part of the meaning of a sentence which corresponds to the highest clause in its semantics representation. ..."(언표내적 힘은 문장 의미의 한 부분이다. 여기서의 문장은 의미 표시의 상위절과 호응하는 것을 말한다.)

이 수행 가설은 1970년 초까지는 많은 언어학자들이 이용하지 않았다. 왜냐하면 이 수행 가설은 통사적인 논쟁에서만 나타났기 때문이다. 이 이론이 통용화된 발단은 위에서 말한 바와 같이 생성의미론자인 Ross(1970)가 수행 가설이 '화용론적 가설'로 대체될 수 있음을 밝힌 데서 시작된다. 문장 구조 외부에 존재하는 '화자'와 '청자'같은 실체에 대한 필요성이 있었기 때문에 Ross(1970)는 수행 가설을 화용론적 가설로 대체한 것이다. 그 이유는 수행 가설이 지니는 장점 때문이다. 화용론적 가설에 의하면 'I impere you that you be careful.'같은 문장에서는 심층 구조가 수행 동사나 수행 주어를 대체한다고 보았다. 전에는 Ross나 다른 학자들도 관심을 갖지 않던 '수행문 가설'이 Ross(1970)에 재조명되어 '화용론적 가설'로 재등장한 것이다. 이러한 '수행 가설'의 장점은 다음과 같다.

(81) 수행적 가설의 장점
　　㉠ 수행절 삭제 변형을 도입함으로써 수행문과 비수행문 사이의 의미적 차이를 설명한다.
　　㉡ 수행 가설은 주절에 대한 여러 가지 제약과 외견상 상이한 종속절에 대한 제약을 똑같은 규칙으로 설명함으로써 문법을 간소하게 한다.
　　㉢ 수행 가설은 언표내적 힘이라는 언어 현상을 의미론의 범주로 포함시킨다.

Ross(1970)는 (82)㉠의 심층 구조를 (82)㉡으로 보았다. 곧 상위문에 화자(I), 수행 동사([+V, +performative, +communicative, +linguistic, +declarative]), 청자(you)의 구조로 된 수행문이 있는 것으로 보았다.

(82) ㉠ Prices slumped. (평서문)

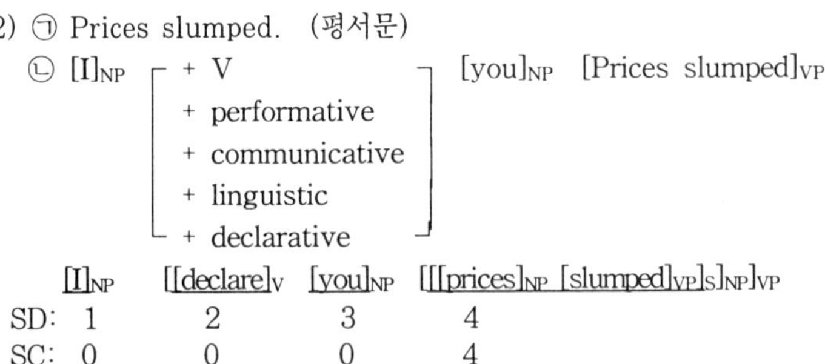

위와 같이 언어에서 개개의 문장 S는 수행문의 형태로써 심층 구조에 나타나며 그 수행문의 형태는 'I state/declare/ask' 따위로 나

타난다. 또한 생성 의미론자들은 심층 구조에 나타난 통사 표시와 의미 표시를 구별하지 않았기 때문에 심층 구조에 나타나는 통사적 구현은 의미적 구현이 된다. 언표내적 힘은 바로 이 의미 구현이 나타나는 곳에서 발생한다는 것이 수행 가설이다.

일반적으로 수행문 가설은 '언표내적 힘'같은 화용적 현상을 문법화하는 과정에서 우연하게 나온 이론이며 이것은 생성 문법의 전과정을 충족시켜주는 이론으로 보았다. 그러나 수행 이론(가설)의 단점은 언어가 (발화)상황과 함께 존재한다는 사실을 무시한 것이다52).

예를 들면 (83)㉠ 같은 간접 요청은 (83)㉡ 같은 심층 구조에서 도출된다.

(83) ㉠ Can you close the window?
　　 ㉡ I request that you close the windows.

비록 Sadock이 간접적인 언표내적 행위들을 (83)㉠과 (83)㉡으로 설명하지는 않았지만 가능하다고는 보았다. 곧 기저의 수행문이 간접적인 언표내적 힘을 표시할 것인가 안 할 것인가를 결정하는 하나의 기준일 수는 있다는 것이다. 결국 Sadock은 간접 화행이란 문장의 논리 구조에 표현되어 있는 것으로 보고 두 개의 서로 다른 논리 구조를 지닌 문장이 (84)처럼 하나의 공통적인 표면적인 구조를 갖는 것으로 이해하였다.

(84) 두 개의 서로 다른 논리 구조와 표면 구조의 관계(Leech 1980:88)

이러한 가능성에 대해서는 많은 사람들이 동의했으나 실제로 언표

---

52) 수행 가설은 Sadock(1974)에 의해 정교한 이론적 틀을 갖추었다. Sadock에 의한 수행 가설을 '확대 수행문 가설'이라고 한다. Sadock에 의한 수행 가설은 '직접 화행'뿐 아니라 '간접 화행'의 '언표내적 힘'이 '수행문 심층 구조' 안에서 적절하게 형식화할 수 있다는 가설이다 (Leech. 1983.193쪽).

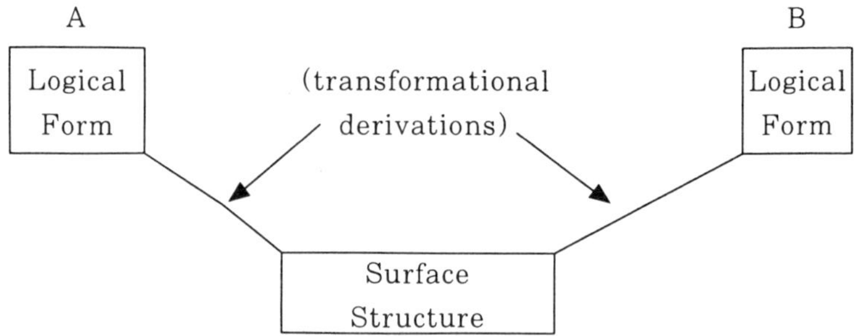

내적 힘에 대한 충분한 설명을 하고 있다고는 보지 않았다. 특히 Leech(1983:195)는 Sadock(1972)의 '확대 수행 가설'은 언어적 의사소통이 어떻게 이루어지는가에 대해 명백하고 일반론적으로 관찰하는 데 실패했다고 보았다. 곧 이 확대 수행 가설은 화용론을 문법이라는 경직된 틀에 꿰맞추려는 시도이며 수행 가설을 좀더 상세하게 설명했다는 것 이외에는 직접 화행이나 간접 화행에 나타나는 언표내적 힘에 대한 설명에 도움이 되지 못하는 것으로 보았다. 특히 수행문가설에서 설정한 최상위의 수행문을 마지막에 삭제하는 수행문 삭제 변형 규칙이 임시적이며 문법적으로 수행문이 설정되어야 할 필요성이나 그 동기가 불분명하고 수행문의 주어가 1인칭에 국한되었을 때만 나타난다는 문제점이 드러났다.

2.2.4. 관용구 이론

'관용구 이론(Idiomatic Theory)'은 간접 화행을 관용적인 표현으로 보는 것이다. 예를 들어 영어에서 'kick the bucket'이 'die'의 관용적 표현이듯이 'Can you ...?'의 심층 구조에 'I request you to ...'가 존재하며 이 심층 구조의 문장이 표면 구조로 드러날 때 관용적으로 나타난다는 이론으로 문자적 힘 가설을 고수하는 입장이다. 가령 '창문을 열어 주시겠습니까?'는 '나는 너에게 [창문을 열어라]고 요청한다.'에 대한 관용문으로 보는 것이다.53) 따라서 이들은 합성적

(compositionally)으로 분석되지 않고 완전체(whole)로서 어휘부에 등재된다54).

영어의 'Would(Could) you...?,' 'Would you mind ...?,' 'I wonder if you could ...' 따위나 국어의 '...을 좀 ...겠습니까?,' '...을 좀 ...ㄹ래?' 따위는 요청에 사용되는 질문이다. 이런 경우에는 문장의 언표내적 힘 지표가 나타내는 언표내적 힘이 드러나지 않는 것 같지만 엄밀히 분석하면 이들로 수행되는 화행들도 문장 형식이 지닌 언표내적 힘에 의존하고 있다.

(85) 창문 좀 닫을 수 있습니까?

관용구 이론에 의하면 (85)와 같이 간접적으로 쓰이는 문장은 부가적인 의미를 가진다. 곧 (85)는 '질문' 이외에 부가적으로 '요청'의 의미를 지니는 까닭에 '요청'으로 사용하는 것은 결국 간접적인 것이 아니라 문자적이고 직접적이라는 것이다. 다시 말해서 (85)는 '질문'과

---

53) Searle은 관용 이론을 주장한 것은 아니다. 단지 일부 간접 화행의 표현들은 관례상 관용적으로 되어 이런 형태들은 문자적 의미를 지니면서 관례적인 용법으로 사용되는 경우를 말하였을 뿐이다. 예를 들어서 영어의 'Can you ……?', 'I want you to …….', 'Could you ……' 등은 관례적인 방법이라는 것이다. 곧 그는 관용구 이론을 지지한 것이 아니라 간접 화행의 일부 표현에는 관용적 특성을 지닌 것이 있음을 뜻하는 것이다.

54) 이 점에서 외국어 번역 풀그림 작업에서 용량을 적게 하려는 노력이나 언어 분석을 간결하게 하려는 노력은 같은 맥락에서 이해할 수 있다. 외국어 번역 풀그림의 작업에서도 일부 문장이나 구를 어휘적으로 처리하여 번역률을 높이는 방법을 사용하지만 개개의 문장 전체를 어휘로 처리하지는 않는다. 그렇게 되면 풀그림의 용량이 커지고 처리 속도로 느려지게 되기 때문이다. 간접 화행을 관용구 이론처럼 어휘적으로 처리하면 모든 언어 현상을 관용어로 처리하여 분석이 쉽지만 언어 분석의 경제성이라는 측면에서 보면 풀그림의 용량이 커지는 것처럼 관용구 이론은 언어 분석의 합당한 방법은 아니라고 본다. 그러므로 간접 화행의 관용구 이론은 제한된 범위 안에서 허용하는 Searle(1969, 1975)의 제안이 합당하다.

'요청'의 두 가지를 중의적으로 지닌다는 입장이므로 '관용적 이론'을 '중의성 이론(ambiguity theory)'이라고도 한다. Sadock은 이와 같은 힘의 중의성이 발생하는 경우를 Wh-imperatives, Impositives, Queclaratives, Pseudo-imperatives의 유형에서 보여 주고 있다.

관용적 이론에 의하면, 간접 화행으로 알려진 형태들이 관용구는 아니지만 관용적으로 사용된다고 말할 수 있으며 문자적 의미로서가 아닌 화자의 발화 의미가 요청으로 전달되고자 한다면 -곧 간접 화행으로 쓰이려면- 그 문장은 관용적(idiomatic)이 되어야 한다는 것이다.

이 이론은 Sadock(1974, 1975), Green(1975)이 주장한 것으로 추리 이론가들의 비판의 대상이 되었다. 관용적 이론의 약점은 화행 이론을 세우는 기본적인 직관을 포착하지 못하고 간접적인 언표내적 힘을 밝혀주지 못한다는 데 있다. 예를 들어서 'Can you VP'를 'I request you to VP'에 대한 관용문으로 보았으며 이들 관용문은 합성적(compositionally)으로 분석되지 않고 완전체(whole)로 어휘 부문(lexicon)에 기록되어야 한다는 오류를 범하는 것이다.

'관용'은 본래 단어의 합성에서 의미를 예측할 수 없다는 특성을 가지므로 간접 화행에 쓰이는 것을 관용적으로 보면 이들 구문은 합성적으로 예측할 수 없어야 한다. 그러나 실제로 간접 화행에 사용되는 것들은 그 구문적 합성성을 예측할 수 있으며 또한 많은 언어에 공통된 통사 구문이 동일한 간접 화행을 나타내는 점에서도 간접 화행을 관용 표현으로 보는 것은 무리가 있다. 우리말의 경우 위에서 본 '창문 좀 닫을 수 있습니까?'는 질문의 언표내적 힘이 아닌 요청의 언표내적 힘을 지니므로 간접 화행으로 보아야 하는데 이런 발화가 관용적으로 사용될 수는 있을지라도 이들 문장이 하나의 완전체로 분류되어 어휘 부문에 등재되지는 않는다. 그러므로 간접 화행을 관용어로 설명하려는 관용 이론은 최소한 우리말에는 적용되기 어렵다55).

---

55) 다만 외국어 습득을 위한 교육 현장에서는 관용어가 가장 높은 정도에서 습득하는 것으로 정하고 있는데 간접 화행도 외국어 교육 현장에서는 고정적 간접 화행(conventionally indirect speech)으로 처리되어 교

　이상으로 간접 화행에 관련된 특정 대화 함축 이론과 추리 이론과 확대 수행문 가설 그리고 관용구 이론에 대하여 살펴보았다. 특히 확대 수행 가설과 관용구 이론은 위에서 보았듯이 언어 보편적인 면에서도 적용하기 힘든 면이 많고 우리말에서는 더욱 그렇다. 그러므로 다음 장에서는 국어의 문장 유형별 간접 화행을 국어 문장 유형과 추리 이론과 대화 함축 이론을 중심으로 하는 담화 상황과 연계하여 살펴보겠다.

육하는 것이 바람직 할 것이다. 왜냐하면 외국어 학습자의 단계 가운데서 간접성이 강한 표현들은 고급 학습자의 경우에서 저급 학습자에 비해 자유롭게 나타나기 때문이다. 그런 의미에서 외국어 교육 과정에서 간접 화행에 대한 교육을 고급 학습자에게 적용시키는 것은 간접 화행이 관용어(표현)이라기 보다는 간접성이 강한 표현이기 때문이라고 본다.

제3장 문장 유형별 간접 화행과 담화 상황

국어의 질문문, 명령문, 진술문, 청유문 등의 문장 형식은 각각 특정한 화행을 수행하고 있는데 질문문은 질문 화행을, 명령문은 명령 화행을, 진술문은 진술 화행을, 청유문은 제안 화행을 직접 수행한다. 그리고 각 문장 형식은 그 고유한 화행 이외에 다른 문장 형식이 수행하는 화행을 간접적으로 수행하기도 한다.[56] 여기서는 각각의 문장 형식이 수행하는 간접 화행들의 유형을 기술하고 이들 개별 문장이 지니는 고유 화행이 어떠한 경우에 간접 화행으로 수행되는 지를 적정 조건과 담화 상황을 관련지어 살펴보겠다.

---

[56] 고유 화행은 1차 화행에 해당되고 간접적으로 다른 화행을 수행하는 경우는 2차 화행이지만 대화 함축이 발생하는 경우에도 2차 화행이 발생한다.

3.1. 문장 유형별 간접 화행

3.1.1. 질문문으로 수행되는 언어 행위

질문문은 화자가 지닌 정보의 진리치에 대한 확인을 요구하는 질문(판정 질문: YesNo-Question)이나 화자가 지닌 정보를 보충하기 위한 정보를 요구하거나 사실을 확인하거나 정보를 명세화하기 위한 질문(설명 질문: WH-Question) 등을 수행하는 데 사용된다. 이렇게 질문을 수행하는 형식인 질문문은 사실을 주장하는 진술, 행위를 요구하는 명령, 행위를 유도하는 청유 등의 간접 화행을 수행한다.

(가) 명령
질문문이 명령 화행이나 요청 화행을 수행하는 경우는 (1)이 전형적이다.

　(1) ㉠ 문 닫아줄 수 있겠니?
　　　㉡ 문 닫아주겠니?
　　　㉢ 문 닫아주시겠어요?

(1)㉠-㉢은 '문을 닫으라'는 명령이나 요청 화행을 수행하는 질문문이다. 이 형식은 양태소인 '의지'의 '-겠-'이 사용되어 문장 형식에 관계없이 항상 간접 화행으로 사용되는 특징을 지닌다. 따라서 질문에 사용된 양태소 '-겠-'은 언표내적 힘 지시 장치(IFID)로 이해된다.

　공손의 어휘 '좀'은 수의적이지만 (2)㉠-㉢에서는 공손의 의미와 함께 화자의 의지를 나타내는 것으로 보인다.

　(2) ㉠ 문 좀 닫아줄 수 있겠니?
　　　㉡ 문 좀 닫아주겠니?
　　　㉢ 문 좀 닫아주시겠어요?

이들 역시 (1)㉠-㉢처럼 양태소 '-겠-'이 사용된 질문문을 통해 명령 화행을 수행하며 '좀'에 의해 화자의 의지를 반영하고 있다. 일반적으로 상급자의 요청은 명령은 아닐지라도 명령과 같은 효과를 얻으며 하급자의 상급자에 대한 요청도 마찬가지로 명령과 같은 효과를 얻을 수 있다.

(3)㉠-㉣은 '-겠-'에 의하여 질문문으로 명령 화행을 수행하지만 부정어를 첨가함으로써 명령의 강도가 더 크게 된다.

(3) ㉠ 문 못 닫겠니?
　　㉡ 문 좀 못 닫겠니?
　　㉢ 문 (좀) 닫아줄 수 없겠니?
　　㉣ 문 (좀) 닫아주지 않겠니?

(3)㉠-㉣을 접한 청자는 (1)㉠-㉢을 접했을 때보다 더욱 강한 명령으로 이해하고 즉각적으로 문을 닫게 된다. '못' 이외에 부정어 '안'도 마찬가지로 명령의 강도를 크게 하는 것으로 보인다.

이처럼 (1)-(3)은 명령에 관련되는 내용을 질문에 반영하고 있어서 청자가 명령 화행의 내용을 추론하지 않아도 된다. 그러나 (4)-(5)처럼 명령의 명제에 관련되는 내용을 지니지 않고 있을 때는 명령 화행의 내용을 추론하여야 한다. (4)-(5)는 특정한 내용이 명령에만 한정되어 사용되는 질문문이다. (4)는 '문을 닫으라'는 명령에만 쓰이는 질문문이다. 이 경우의 질문문은 질문 화행이 아닌 다른 화행을 수행하는 방식으로 자신이 알고 있는 내용을 부정칭 지시어로 대신하고 있다.

(4) (상황) 회사원인 철수가 들어오면서 문 닫는 것을 잊고 들어온다.
　　과장: <u>누구 꼬리가 이렇게 기냐?</u>
　　철수: 죄송합니다. 제가 그만 깜빡 잊고 들어 왔네요. (그러면서 문을 닫는다.)

(4)에서 과장(화자)의 발화는 질문문을 이용하여 '문을 닫으라'고 철수(청자)에게 명령을 하고 있다. 물론 과장의 발화를 철수가 질문 화행으로 이해하고 '전데요'와 같은 응답을 할 수도 있다. 그러나 일반적으로 (4)와 같은 맥락에서 청자는 '네 꼬리가 길다'를 '네가 문을 안 닫았다'라고 이해하고 '나는 문을 닫아야 한다'와 같은 추론 결과를 얻는다. 그 결과 '누구 꼬리가 이렇게 기냐'라는 질문문을 질문 화행이 아닌 명령 화행으로 이해한다.

> (5) ㉠ (문을 열고 들어 온 직후에) 뭐 잊은 것 없니?
> 　　㉡ (문을 열어 놓고 순이가 들어 온 직후에) 순이야 너 잊은 것
> 　　　 없니?
> 　　㉢ (문이 열려 있거나 닫혀 있는 상황에서) 문 고장났니?

(5)㉠-㉢에서 화자는 정보를 요구하는 것이 아니라 어떤 행위를 시키려는 목적을 가지고 질문문을 사용하였다. 이들 발화는 청자 자신이 스스로의 행동에 대한 판단을 하여 명령의 명제 내용을 추론하는 과정을 거쳐서 실제로는 질문문을 통해서 명령 화행을 수행하고 있다. 일반적으로 청자는 (5)㉠-㉡을 명령의 간접 화행으로 이해하지만 (5)㉢의 경우는 특정 대화 상황에 따라서 질문 화행으로 이해할 수도 있고 명령 화행으로 이해할 수도 있다.

　　(6)은 상대방의 발화 내용을 부정칭 관형사로 지시함으로써 질문문을 통한 명령 화행을 수행하고 있다.

> (6) S1: 정말로 그를 사회적으로 매장시켰습니까? 아니지요?
> 　　H2: 응. 왜 뭐가 잘못되었나?
> 　　S3: 아니, 뭐 꼭 그런 것은 아니지만 그렇게까지 한 것은 좀 심
> 　　　 한 것 같습니다.
> 　　H4: 지금 무슨 말을 하는 거야?

H4는 S3의 명제 내용을 알면서도 이것을 부정칭 관형사로 지시하고

있다. H4의 '무슨 말'은 이미 알고 있는 사실을 질문함으로써 질문문의 적정 조건을 만족시키지 못한다. 그러므로 H4는 '그런 말은 하지 마라'는 명령 화행을 수행하는 것으로 이해된다.

이와 같이 질문문이 명령 화행을 수행할 수 있는 것은 질문 화행과 명령 화행이 수행하는 점이 유사하기 때문이다. 명령 화행은 화자의 발화에 의해서 청자가 자신의 미래 행위에 대한 신정보를 획득할 수 있다는 점에서 질문 화행의 신정보 획득의 목적과 유사한 점이 있기 때문에 질문문을 통한 명령 화행을 수행할 수 있다. 또한 질문은 청자의 대답을 유도하는데 이것이 다른 언표내적 행위로 수행될 때는 청자의 대답이 정상적으로 성립되지 않음으로써 청자는 자신이 취할 행동을 스스로 판단하여 명제 내용을 추론하게 된다. 이로써 청자는 화자의 질문문을 질문 화행이 아닌 명령 화행을 수행하는 것으로 이해하게 된다.

(나) 진술

화자가 질문문을 사용하여 질문 화행 대신에 사실을 주장하는 진술 화행을 수행하는 일은 매우 빈번하다. 다음 예들도 모두 그러한 경우들이다.

(7) 그러고서도 남편의 사랑을 받을 거라고 생각하니?

(7)에서 화자는 질문문의 문법 표지를 사용하였지만 실제로는 청자로부터 '남편의 사랑을 받는다고 생각하는가 아닌가'에 대한 어떤 종류의 대답을 원하는 것이 아니다. (7)의 화자가 정보를 요구하지 않는다는 것은 질문문이 질문 화행을 수행하지 않고 진술(강조나 주장) 화행을 수행하기 때문이다.

한편 진술 화행을 수행하는 질문문은 화자가 청자의 대답을 예상하고 청자로 하여금 화자의 발화가 지니는 언표내적 행위와는 다른 화행을 추론하도록 유도하는 특징을 지닌다.

(8) 부모: 지금 몇 시인지 아니?
　자식: 늦게 와서 죄송합니다. 회사에서 회식이 있었습니다.
(9) 후배: 형이 커피 좀 갖다 줘.
　선배: 야, 내가 네 후배 철수니?

(10) S1: 정말로 그를 사회적으로 매장시켰습니까? 아니지요?
　H2: 응. 왜 뭐가 잘못되었나?
　S3: 아니, 뭐 꼭 그런 것은 아니지만 그렇게까지 한 것은 좀 심한
　　　것 같습니다.
　H4: 그럼 그런 사람을 그냥 놔둬?

(8)′ 너무 늦게 다닌다.
(9)′ 나는 커피를 갖다 줄 수 없다.
(10)′ 그런 사람을 그냥 놔두면 안 된다.

(8)-(10)의 밑줄 친 부분에서 화자는 모두 질문문을 통해 정보를 확인하거나 요구하는 것이 아니지만 (8)′-(10)′ 같은 명제 내용을 청자로 하여금 추론하게 유도함으로써 질문문을 통한 진술 화행을 수행한다.

진술 화행은 대상이나 사건에 대한 화자 자신의 주장을 함으로써 구정보에 대해 재확인을 하거나 신정보에 대해 서술하게 되는데 이러한 점이 질문 화행이 지니는 구정보 확인 및 신정보 획득의 목적과 공통된다. 이런 공통점 때문에 질문문은 진술 화행을 수행하며 이때의 진술 화행은 화자의 부정적인 태도를 드러낸다[57]. 또한 (7)처럼 화자는 자신의 질문 화행에 대한 대답을 청자에게 알림으로써 청자는 질문에 포함된 자신의 대답 내용을 인식하고 화자가 청자 자신에게 질문하는 것이 아니고 다른 화행을 수행할 것이라는 것을 추론 과정을 거쳐서 진술 화행으로 이해한다. 특히 (7)과 (8)의 '생각하다'나 '알다'같은 인지 동사의 질문문은 질문 화행을 수행하지 않고 진술 화행을 수행하는 경우가 많다. 왜냐하면 인지 동사는 청자가 질문에 내

---

57) 간접 화행의 부정적 기능에 대해서는 5장에서 논하겠다.

포된 정황이나 자신의 대답 내용을 인식하는 촉매 역할의 가능성이 충분히 있기 때문이다. 그러므로 질문문에 사용된 '인지 동사'는 진술 화행을 나타내는 '언표내적 힘 지시 장치'로 이해된다.

(다) 청유

질문문이 청유 화행을 수행하는 경우는 화자의 판단이나 화자와 청자의 미래 행위나 경우에 따라서 청자만의 미래 행위를 제시함으로써 가능하다. 청유 화행을 수행하는 형태는 일반적으로 '-ㄹ까, -하는 게 어떻니, -하는 게 어때(요), -하는 게 어떻습니까, -하지 않을래, -하지 않으시겠습니까' 따위이다.

> (11)　S1: 벌써 12시네.
> 　　　　H2: 벌써 그렇게 되었나? 오늘은 뭘 먹을까?
> 　　　　S3: 글쎄. <u>어제 너무 무리를 했으니까 부담이 덜 가는 것으로 할까?</u>

(11)에서 대화의 배경은 식사를 어떤 것으로 할 것인가에 관한 것이고 상대방은 H2에서 무엇을 먹을 것인가를 물어 보았다. 이에 대해 S3은 상대방이 동의할 만한 이유를 제시함으로써 상대방의 질문에 대한 응답과 아울러 그에 대한 해결책을 상대방의 판단에 질문함으로써 (11)의 S3은 '부담이 덜 가는 식사를 하자'라는 청유의 화행을 수행하고 있다.

　질문문으로 청유 화행을 수행하는 형식으로는 (12)㉠-㉫처럼 '…하는 게 어때, …하는 게 어때요, …하는 게 어떻습니까, …하지 않을래, …하지 않으시겠습니까' 따위가 있다. 이런 경우 이들 질문문은 고정적으로 질문 화행을 수행하지 않고 '…하자'의 청유 화행을 수행한다.

(12) 종길아! 철수가 직장에 나갈 수 있도록
　　　　　　　　　　　㉠ 도와주는 게 어때?
　　　　　　　　　　　㉡ 도와주는 게 어때요?
　　　　　　　　　　　㉢ 도와주는게 어떻습니까?
　　　　　　　　　　　㉣ 도와주지 않을래?
　　　　　　　　　　　㉤ 도와주지 않으시겠습니까?

(12)㉠-㉤은 문장 형식 안에 청유의 명제 내용을 포함하고 있으며 화자가 명제 내용에 대한 청자의 판단이나 응답을 원하지 않은 경우에는 '…도와주자'는 행위 권유의 청유 화행을 수행할 수 있다.

　질문문이 문장 안에서 상대방을 지시하며 능동문의 경우에 청유의 간접 화행을 수행한다. (13)㉠-㉢에서 ㉠의 '누구'는 부정칭 의문사이지만 특정의 사람을 보면서 말하는 대화 상황이라면 지시 대상이 드러난다.

(13) ㉠ 누가 같이 갈까?
　　　㉡ 우리 같이 갈까?
　　　㉢ 너도 같이 갈까?

(13)㉠-㉢은 같이 갈 사람이 누구인가를 묻거나 상대방이 같이 갈 의사가 있는 것인가를 묻는 질문 화행으로 인식될 수 있지만 대화 상황에 따라 청유의 간접 화행을 수행한다. 이들은 모두 '누구, 우리, 너'에서 볼 수 있듯이 지시 대상이 분명한 다수와 특정인을 지시함으로써 질문문을 통한 청유 화행을 수행한다.

　이와 같이 청유 화행은 화자가 청자에게 어떤 행동을 할 것을 권유하는 것으로 화자의 입장에서는 청자의 행동과 관련된 신정보를 획득하는 것으로 이해된다. 이러한 점은 질문 화행이 신정보의 획득이나 구정보의 확인을 목적으로 하는 것과 공통되는 점이 있기 때문에 질문문은 청유 화행을 수행할 수 있다. 이 때 수반되는 질문 표지 '-ㄹ까, -하는 게 어떻니, -하는 게 어때(요), -하는 게 어떻습니까, -하지 않을래, -하지 않으시겠습니까' 따위는 청유 화행을 수행하는 '언표내적 힘 지시 장치'로 이해될 수 있다.

3.1.2. 명령문으로 수행되는 언어 행위

상대방에게 행위를 지시하거나 요구하는 명령문은 명령 화행 이외에 진술 화행이나 청유 화행을 수행할 수 있으며 질문 화행은 수행하지 못한다. 이와 같이 명령문이 질문 화행을 수행하지 못하는 이유는 다음과 같다. 첫째 명령 화행은 청자가 정보를 얻는 데 비해 질문 화행은 화자가 정보를 얻고 청자의 정보인지는 부차적이기 때문이다. 둘째 신정보의 획득이나 구정보의 재확인 기능을 수행하는 질문 화행의 목적과 명령 화행의 수행 목적이 일치하지만 명령 화행의 수행 정도성과 직접성이 질문 화행보다 더 강하고 또한 화자의 발화 의미 전달 측면에서 정확한 의사 소통을 가능하게 하기 때문이다.

(가) 진술

일반적으로 명령문이 명령 화행을 수행하지 않고 진술 화행을 수행하는 경우는 언표내적 힘 지시 장치가 특정 표지에 의해 나타나지 않는다. 오히려 강한 명령이나 상대방에 대한 부정적 정서를 표출함으로써 나타난다. 따라서 명령문의 진술 화행이 '언표내적 목표(illocutionary point)'는 상황 의존적인 특성을 지닌다. 다음의 명령문은 그러한 특성을 보여 주는 것으로 모두 진술 화행을 수행한다.

(14) 왜 이렇게 늦게 왔니? <u>시간 좀 보고 다녀라</u>.
(15) <u>전화 받기만 해라</u>. 다 때려 부셔 버린다.
(16) 남들은 생각 안하고 너 혼자만 생각하는구나. <u>잘 먹고 잘 살아라</u>.

(14)는 명령이 배제되지는 않지만 청자가 명령의 배경이나 동기를 추론하여 화자가 의도하는 명제 내용을 판단하도록 하고 있다. 곧 화자가 명령 화행에 초점을 맞추지 않고 있음을 알림으로써 결국 경고와 책망으로까지 확대 해석되는 진술 화행을 수행하는 것으로 이해된다.

(15)는 '-(어/아)라'의 문법 표지를 지닌 명령문이지만 청자의 미래 행위인 전화받는 행위를 화자가 원하지 않고 있음을 밝힘으로써 진술 화행을 수행한다. 결국 화자의 언표내적 목적은 '전화 받으면 안 된다'라는 경고의 진술 화행을 수행하게 된다. (16)도 '잘 먹고 잘 살아야 한다'는 명제 내용을 수행할 것을 목적으로 하지 않음으로써 명령 화행을 수행하는 것이 아니고 '그러면 안 된다'라는 진술 화행을 수행하는 것으로 이해되는 관용 표현이다. 그러므로 이들은 각각 (14)′, (15)′, (16)′을 진술하는 것으로 이해된다.

(14)′ 약속 시간에 늦게 왔다.
(15)′ 전화 받으면 안 된다.
(16)′ 나는 모르겠다.

이외에도 (17)-(19)와 같이 명령문으로써 명령 화행이 아닌 다른 화행을 수행하는 경우는 우리 주변에서 얼마든지 접할 수 있다. (17)은 '너희들은 떠들어도 나는 내가 하던 일을 계속하겠다'라는 진술 화행을 수행하고 있다. (18)의 갑1은 '까불면 안 된다'라는 진술(경고)의 화행을 수행하고 있다. (19)는 '오면 안 된다'라는 진술(경고)의 화행을 수행하고 있다.

(17) 그래 계속 떠들어라58).
(18) 갑1: 너는 나만 보면 왜 말을 함부로 하냐? 너의 선배는 주로
          80년대 학번이지만 내 선배는 주로 70년대 학번이야. <u>까불
          지 마(라)</u>.
       을2: 앗, 갑자기 분위기 썰렁해진다. 왜 그래요, 누나? 그런 애

---

58) 물론 이것은 아래와 같이 명령의 내용만 다르면서 명령 화행을 수행하는 일종의 대화 함축으로 볼 수도 있다. 그렇지만 특정 대화 함축 이론에 의하여 상황에 따라서는 명령문을 통한 진술 화행을 수행하는 것으로도 이해된다.
    ㉠ 그래 계속 떠들어라.(명령) → 조용히 해라.(명령): 떠들고 있을 경우
    ㉡ 그래 계속 떠들어라.(명령) → 계속 떠들어라.(명령): 떠들고 있을 경우

　　　　기 그만하고 우리 다른 얘기해요?
　　갑3: 너 말 돌리지 마?
　　을4: 알았어요. (그만해요.) 선배 어려운 줄은 잘 알아요. 괜히
　　　　겁주지 마세요. 하하.
(19) <u>한번만 더 와봐라</u>. 가만 안 둔다.

(나) 청유

명령문을 통한 청유 화행 수행은 상황 의존적이다. 이러한 경우는 명령문의 화자가 명령 화행의 정도성이나 직접성을 낮춤으로써 나타내거나 화자의 미래 행위를 언급하면서 청자에게도 동일한 미래 행위를 수행할 것을 명령함으로써 명령문을 통한 청유 화행을 수행한다. 따라서 특정의 언표내적 힘 지시 장치가 문법 표지에 의해 드러나지 않는다.

(20)　㉠ 나도 노래할테니 너도 해라.
　　　㉡ 나도 노래할테니 너도 좀 해라.

(20)㉠-㉡은 화자의 노래부르는 미래 행위를 언급하며 상대방에게도 같은 행위를 요구함으로써 청유(제안) 화행을 수행하고 있다. ㉡처럼 부사어 '좀'을 삽입하여 명령문이 지니는 명령 화행의 정도성을 낮추게 되어 더욱 완곡한 청유(제안)의 화행도 수행할 수 있다.
　　한편 명령문을 통한 청유 화행 수행으로는 다음과 같이 제 3자에게 청유(제안)를 하는 경우도 있다. (21)의 갑6은 대화 상황에 의해서 비록 병5에게 말했지만 '조용히 해.'하는 것은 병에 대해서는 명령이 될 수도 있지만 '지금 우리 야외 나갈 계획을 잡고 있는 중이니까 나중에 얘기하자'라는 청유(제안)의 화행을 수행할 수 있다. 또한 제3자인 '을'에게도 '어디로 갈 것인지에 대한 의견을 계속 얘기하자'는 청유 화행을 수행하는 것으로 이해된다.

(21) 갑1: 그런데 오늘 날씨가 너무 좋다.
　　 을2: 그래, 어디 바람이라도 쐬었으면 좋겠다.

갑3: 시외로 나갈까? (이때 병이 들어온다.) 어서 와. 어디로 가
　　 는게 좋겠니?
을4: 글쎄 양평 쪽이 어떨까?
병5: 나 오늘 머리 다듬었는데, 어때?
갑6: <u>조용히 해</u>. 지금 바람 쐬러 나갈 건데 너도 같이 가자.
을7: (계속 갑을 바라 보면서) 그래. 양평 어때?
갑8: 좋지. 그쪽으로 가자.

3.1.3. 진술문으로 수행되는 언어 행위

정보를 전달하는 진술문은 진술 화행이 아닌 명령, 질문, 청유의 화행을 수행하기도 한다.

(가) 명령

진술 화행이 미래의 행위나 사건에 대해 직접 언급하지는 않지만 미래 행위나 사건이 일어날 만한 이유나 원인을 언급함으로써 청자의 판단이 필요함을 나타낼 때는 진술문은 명령의 화행을 수행한다.

(22) 길이 미끄럽습니다.
(23) 평생 회비 냈는데 네가 내 대신 물어봐 주었으면 좋겠다.
(24) 즉시 운동장에 집합한다.
(25) 꼬리가 길다.

(22)에서는 '길이 미끄럽다'라는 진술문을 통해서 '길이 미끄러우니까 조심해서 다니라'는 명령의 화행을 수행하고 있다. 그러므로 청자는 (22)의 발화가 지니는 언표내적 목적이 진술이 아니라 명령으로 이해하게 된다. (23)은 회비를 상대방이 내달라고 요청하는 것으로 진술문을 통하여 명령 화행을 수행하고 있으며 '…하면 좋겠다'의 형식은 명령 화행을 수행하는 '언표내적 힘 지시 장치'로 볼 수 있다. (24)는 상대방이 당장 해야할 일을 직접 서술함으로써 '운동장으로 집합하라'의 의미를 지닌 간접 명령이 된다. 일반적으로 당장에 해야할 일을

서술할 때는 항상 명령 화행을 수행하는 경향이 있다. 그러므로 상대방의 행동을 나타내는 행동 동사(움직이다, 가다, 오다 따위)가 사용되는 진술문이 '시간'을 나타내는 어휘와 함께 사용되었을 때 이 '시간 어휘'는 '언표내적 힘 지시 장치'로 볼 수 있다. (25)는 상대방이 문을 열고 들어 온 상황에서 상대방이 할 일의 원인을 '꼬리가 길다'라는 관용구로써 직접 표현하여 실제로는 '문을 닫으라'는 명령의 화행을 수행한다. 그러므로 (22)-(25)는 진술 화행을 수행하지 않고 (22)′ - (25)′처럼 명령 화행을 수행한다.

    (22)′　조심하십시오.
    (23)′　나 대신 네가 물어봐라.
    (24)′　나가라.
    (25)′　문 닫아라.

    한편 진술문이 진술 화행이 아닌 다른 화행을 수행하는 경우는 화자의 의지를 청자에게 명확히 전달할 때와 청자 이외의 제 3자에게 화자 자신의 의지를 전달할 때 나타난다.

    (26) 난 당신이 빨리 돌아오기를 바랍니다.
    (27) 대문 앞에 불독 한 마리가 있어요.
    (28) 손님 가신다.

(26)은 자신의 의지를 명확히 전달하여 명령이 된다. (27)은 '불독은 사납고 사람을 물 수 있다. 그러므로 조심해야 한다'라는 함축 내용을 담고 있다. 이러한 함축 내용을 통해서 화자는 혹시 있을지도 모를 사건의 원인인 '불독'을 직접 언급함으로써 '조심하든가 주의하라'는 간접 명령 화행을 수행한다. (28)은 진술 화행으로 보기 어렵고 상황에 따라서 여러 가지 의미를 전달하는 경우이다. 서로 의견 충돌이 있는 상황에서 (28)은 상대방에게는 '나가라'는 명령 화행을 수행하고 동시에 제 3자에게는 '문 열었다 닫아라'의 의미로 명령 화행을 수행하는

경우도 된다. 다른 한편으로는 음식점에서 주인이 (28)을 말했을 때는 제 3자인 종업원에게 '여기 손님가니까 잘해 드려라' 또는 '손님 맞을 준비해라' 또는 '계산해라' 따위의 의미를 지닌 명령 화행을 수행할 수도 있다.

(나) 질문

화자는 청자와 관련된 사항을 화자의 정보인지 측면에서 부정 진술함으로써 질문 화행을 수행할 수 있다.

> (29) 전화 번호를 잊었어요.
> (30) 댁의 주소를 잘 모르겠습니다.
> (29)′ 전화 번호가 어떻게 됩니까?
> (30)′ 주소를 알려주시겠습니까?

(29)-(30)은 화자가 자신의 진술 내용이 청자에 대한 정보로서의 가치가 적음을 나타내어 진술의 적정 조건을 위배하면서 질문의 예비 조건을 언급하는 발화이다. 곧 화자는 청자와 관련된 불확실한 사실을 언급함으로써 청자로 하여금 '전화 번호'나 '주소'를 알려줘야 하겠다는 추론을 유도하는 것이다. 이렇게 진술문을 통한 질문의 화행을 수행하는 이유는 질문 표지가 드러난 질문 화행보다는 청자의 반응을 타진하여 화자 자신의 질문 의도를 유보하고 청자의 대답 의사를 유도하는 것이 긍정적 의사 소통에 도움이 된다고 믿기 때문이다. 그러므로 청자는 (29)-(30)을 (29)′-(30)′으로 이해한다.

> (31) 이렇게 도와주시니 정말 고맙습니다.
> (32) 지난 해 저를 배려해 주신 덕분에 오늘의 제가 있는 것이라 생각
>   됩니다.
> (33) 전에 이 자리에 꽃집이 있었는데.

(31)은 관용구를 사용하여 일어날 미래의 사실을 일어난 것처럼 제시

함으로써 질문 화행을 수행하는 것으로 이해할 수 있다. 곧 상대방에게 부담을 주는 방식으로 인사 화행을 실현하였으나 상대방은 이에 대해 '그랬어요' 또는 '뭘요'같은 응답을 하게 되므로 결과적으로 질문의 화행을 수행하는 것으로 이해될 수 있다. (32)는 과거에 일어난 사실을 제시하여 상대방의 응답을 얻게 되었으므로 질문 화행을 수행하는 것으로 이해된다. (33)은 상대방으로 하여금 이어지는 질문 발화 '아시면 말씀 좀 해주시겠습니까?'를 추론하게 함으로써 실제로는 질문에 대한 대답을 유도하는 것으로 볼 수 있기 때문에 질문 화행으로 볼 수 있다59).

(다) 청유

청자 전체 또는 특정 청자의 행위를 부정함으로써 진술문을 통한 청유의 화행을 수행할 수 있다. 이때 진술 내용은 나머지 대상의 미래 행위를 담고 있어야 한다.

> (34)　㉠ <u>몇몇 사람을 제외하고 나머지 분들은 늦으면 안됩니다</u>. 알겠지요?
> 　　　 ㉡ 다른 사람은 조금씩 먹을지라도 여기 계신 분들은 모두 많이 드실 것으로 믿습니다.

(34)㉠은 여러 사람에게 행하는 발화를 이용하여 발화의 대상인 전체에게는 표면적으로 단순 전달의 진술문이지만 발화를 접하는 개개인은 화자의 언표내적 목적이 '늦지 말자'라는 청유의 화행을 수행하고 있는 것으로 이해된다. (34)㉡은 진술문을 통하여 청유(권유)의 본질 조건을 암시함으로써 청유의 화행을 수행하고 있다. 곧 화자는 청유(권유) 의도만을 드러냄으로써 청자로 하여금 '많이 먹자'라는 화자의 청유 화행을 추론하도록 한다. 이와 같이 (34)㉠-㉡을 통해서 청자의

---

59) (33)은 '지금은 없어서 어디 있는지 궁금하다'라는 진술 발화를 추론하게 함으로써 진술 발화가 질문 화행을 수행하는 것으로 볼 수도 있다.

처지가 대비되면서 여러 사람들이 행위자가 되는 경우에 사용되는 진술문은 대부분 청유의 화행을 수행하는 것임을 알 수 있다.

3.1.4. 청유문으로 수행되는 언어 행위

청유문은 청유 화행 이외에 명령과 진술의 화행을 수행한다.

(가) 명령

다음의 경우는 청유문을 통하여 명령(요청)의 간접 화행을 수행하고 있다. 이들의 특징은 청자만의 행동을 요구하며 화자의 행동을 말하면서 청자의 심리적인 동조를 유도하는 것이다.

(35) 그게 뭐길래 어디 보자.
(36) ㉠ 문 닫고 살자.
     ㉡ 문 좀 닫고 살자.
(37) 문에 신경 좀 쓰자.

(35)는 청유문에 부정칭 지시어 '뭐, 어디'를 사용하여 명령의 간접 화행을 수행하고 있다. (36)에서 ㉠은 당연히 할 일을 제안함으로써 간접 명령을 하고 있다. ㉡은 공손의 '좀'을 사용하여 당연한 일을 제안함으로써 더 조심스러우면서도 절실하게 명령 화행을 수행하고 있다. (37)은 '문'이 지니는 기본 기능인 여닫는 기능을 추론케 함으로써 명령 화행을 수행하고 있다.

(38) 꼬리 좀 자르자.
(39) 소금 좀 먹자.

(38)은 윗사람이 아랫사람에게 명령을 내리고자 할 때 '공손'의 '좀'을 사용하여 자신의 발화가 지니는 제안의 직접성을 줄임으로써 청유문을 통한 간접 명령을 하고 있다. 이때 '꼬리'는 상황과 밀접한 관계를

맺는 관용어로서 '문을 열다'를 의미한다. (39)는 화자가 청자보다 윗사람인 경우나 동등한 경우에 명령 화행을 수행한다. 이 경우의 윗사람은 대화상의 서열이 아니라 통념상 모든 사람들이 인정하는 나이, 조직의 상관, 경력 따위가 기준이 되어 대화 상에서 적용된다[60]. 아랫사람이 하는 경우는 대화가 지속되지 못한다.

(나) 진술

다음의 경우는 청유문으로써 진술 화행을 수행하고 있다.

> (40) 병수: 종길아! 다른 친구들은 실직한 철수를 돕기 위해 생활비를
>   모으고 있단다.
>   종길: 그럼 우리도 이러고 있으면 안되지. <u>우리도 무언가 해보자.</u>
> (41) 우리 함께 외로운 노인들을 돌봐주자.

(40)에서 종길의 발화는 부정어 '무언가'를 사용하여 제안의 대상을 모호하게 함으로써 청자에게 '도와주어야 한다'라는 진술(주장)의 간접 화행을 맥락에 따라서 수행할 수 있다. (41)은 '노인을 돌봐야 한다'는 인간 사회 윤리상 당연한 일을 제안함으로써 상대방에게 진술(강조)의 간접 화행을 수행하고 있다.

이상으로 각 문장 유형이 지니는 '질문, 명령, 진술, 청유' 화행이 다른 언표내적 화행을 수행하는 경우는 (42)와 같이 요약될 수 있다. 특히 명령문이 질문의 간접 화행을 수행하지 못하는 것은 질문이 지니는 신정보 획득이나 구정보의 재확인 기능이 명령 화행에서는 청자에게 신정보나 구정보에 대한 모든 사항이 구체적으로 전달됨으로써 질문의 여지가 없기 때문이다. 마찬가지로 청유문이 질문 화행을 수행하지 못하는 것도 명령문의 경우와 비슷한 맥락에서 이해될 수 있

---

60) 이러한 기준들에도 우선적으로 적용하는 순서가 있지만 이 글의 내용과는 거리가 있으므로 제외하겠다. 다만 이정복(1995)에서는 군대 사회에서의 대화 전략을 분석하면서 이러한 문제를 다루고 있다.

다. 곧 모든 사항이 청자에게 구체적으로 전달됨으로써 질문의 여지가 없기 때문이다.

(42) 문장 유형별로 본 화행 수행 양상

	질문 화행	명령 화행	진술 화행	청유 화행
질문문	○	○	○	○
명령문	×	○	○	○
진술문	○	○	○	○
청유문	×	○	○	○

(○은 수행함, ×은 수행 못함을 나타냄)

3.2. 적정 조건과 화행 수행의 상황

3.1에서는 문장 형식별로 어떤 화행을 수행하는가를 살펴보았다. 여기에서는 이러한 간접 화행이 어떤 상황에서 발생하는가를 적정 조건과 연관지어서 살펴보겠다. 왜냐하면 언어외적인 담화 상황과 관련지어 문장별 고유 화행의 적정 조건을 살피면 각각의 문장이 다른 화행을 수행하는 과정을 이해할 수 있기 때문이다.

3.2.1 질문의 적정 조건과 질문문의 간접 화행 상황

질문문은 상대방에게 존재하거나 인식되는 대상에 대한 신정보를 요구하는 경우에 질문 화행을 수행한다. 질문 화행이 이루어지려면 화자가 자신이 질문하는 대상에 대한 신정보를 지니지 않으며 청자에게 화자 자신이 신정보를 알기를 원한다는 것을 인식시켜야 한다. 그러므로 질문 화행은 청자 중심의 화행이라고 볼 수 있다. 그러나 모든 질문문이 질문 화행을 수행하는 것은 아니고 진술 화행이나 명령 화행을 수행하기도 한다. 다음에서 보듯이 (1)은 질문문이 진술 화행을 수행하는 경우이다.

　　(1) 사위는 자식 아닙니까?

(1)의 화자는 질문문을 사용하여 '사위도 자식이다'라는 진술(주장) 화행을 수행하고 있다. 질문문이 질문의 화행을 수행하지 못하는 것은 다음과 같은 적정 조건과 관련지어 설명해 볼 수 있다.

　　(2) 질문의 적정 조건
　　　　㉠ 명제 내용 조건: 어떤 명제라도 된다.
　　　　㉡ 예비 조건: 1. 화자는 답을 모른다. 곧 그 명제가 참인지를 알지 못한다. 또는 명제 함수인 경우에 그 명제를 참되게 완성시키는 데 필요한 정보를 알지 못한다.
　　　　　　　　　　 2. 물어보지 않아도 청자가 그 정보를 제공할 지에 대해서 화자와 청자는 다같이 분명하지 않다. 곧 화자와 청자는 모두 청자가 질문 받았을 때 그 정보를 제공 할 지에 대해서 확실하지 않다.
　　　　㉢ 성실 조건: 화자는 이 정보를 알기를 원한다.
　　　　㉣ 본질 조건: 이 말을 함으로써 화자는 청자로부터 이 정보를 유도해 내려고 시도하는 것으로 간주된다.

(1)은 질문문을 통해서 질문 화행을 수행하는 것이 아니고 질문문을 통한 진술(주장) 화행을 수행하고 있다. 곧 (1)은 질문을 실질적인 언표내적 행위로 목적하고 있지 않음을 말한다. 이러한 현상을 설명하기 위해서 (1)이 (2)의 질문의 적정 조건을 충족하지 않는다는 것이 밝혀져야 한다. 구체적으로 적정 조건의 하위 조건과 (1)을 견주어 보자. 첫째, (1)의 발화는 '사위는 자식이 아니다'라는 명제 내용을 지녔지만 화자의 의도는 '사위도 자식이다'이므로 명제 내용이 다르다. 둘째, 화자는 사위가 자식이 아니라는 사실을 이미 알고 있고 청자 또한 이러한 사실을 이미 알고 있으므로 질문의 예비 조건이 만족되지 않는다. 셋째, 화자는 (1)을 통해서 상대방으로부터 사위가 자식이라는 정보를 원하고 있지 않기 때문에 질문의 성실 조건을 만족하지 않는다. 넷째, 화자는 청자로부터 사위가 자식이라는 정보를

얻기 위하여 (1)을 발화한 것이 아니므로 질문의 본질 조건을 만족시키지 않는다. 결국 (1)은 질문 화행의 적정 조건을 모두 만족시키지 않기 때문에 질문문이면서도 질문 화행을 수행하지 못한다. 따라서 (1)은 다른 언표내적 화행을 지니게 되는데 청자의 추론에 의하여 이것은 진술 화행으로 이해(또는 해석)된다. 이것을 표로 나타내면 (3)과 같다.

(3) 진술(주장) 수행 질문문의 발화 상황

질문의 적정 조건	명제 내용 조건	예비 조건1	예비 조건2	성실 조건	본질 조건
진술(주장) 수행 질문문의 발화 상황	불만족	불만족	불만족	불만족	불만족

그러므로 (1)처럼 '질문'이 간접 주장(진술)으로 사용될 때는 (3)에서 보듯이 질문의 적정 조건을 모두 만족시키지 못하는 경우에 해당된다.

　(1)이 질문문을 통한 진술의 간접 화행이고 진술 화행 가운데서 주장 화행이라면 이것은 주장 화행의 적정 조건을 만족하여야 한다. (1)의 '사위도 자식 아닙니까?'라는 발화가 (4)의 주장 화행의 적정 조건을 만족시키는 지를 보자.

(4) 주장 화행의 적정 조건
　　㉠ 명제 내용 조건: 어떤 명제 P
　　㉡ 예비 조건: 1. 화자는 명제 P가 참임에 대한 증거나 이유가 있다.
　　　　　　　　　　2. 청자가 명제를 안다는 것이 화자와 청자에게 모두 분명하지 않다.
　　㉢ 성실 조건: 화자는 명제를 믿는다.
　　㉣ 본질 조건: 결과적으로 명제 P가 실제의 현상을 나타낸다는 것을 제시하는 것으로 본다.

(1)의 발화는 '사위는 자식이 아니다'라는 주장의 명제 내용 조건을 만족하며 이러한 명제에 대해 화자는 '사위가 자식이 아니다'라는 증거나 이유가 있음으로 예비 조건을 만족시키고 있다. 또한 화자는 이 명제 내용을 믿고 이것이 사실이라는 것을 청자에게 제시하고 있으므로 성실 조건과 본질 조건을 만족시킨다. 결국 (1)은 주장의 적정 조건을 모두 만족시키므로 진술문이 아니면서도 주장의 언표내적 행위를 하고 있는 진술 화행을 수행하는 것이다.

질문문이 명령 화행, 요청 화행을 수행하는 상황도 진술 화행을 수행하는 경우와 마찬가지로 적정 조건을 통해서 설명할 수 있다.

(5) 어서 오지 못 하겠니?(명령 화행)
(6) 소금 좀 주시겠습니까?(요청 화행)
(7) S1: <u>안녕하십니까</u>? (인사 화행)
　　 H2: 네, 오랜만입니다.

(5)는 대화 상황에 의해 화자가 청자보다 윗사람이며 청자는 (5)가 자신으로 하여금 화자의 근처로 오는 행위를 할 것을 원한다는 것을 인식하게 되므로 (5)의 발화는 명령의 적정 조건을 만족하고 있다. 따라서 (5)는 '어서 오라'는 명령의 간접 화행을 수행한다. (6)은 발화 내용에 의거하여 청자의 소금 주는 미래 행위에 관한 것이고 청자가 자신의 미래 행위를 수행할 지는 분명하지 않지만 화자가 자신에게 그런 행위를 수행할 것을 바란다는 점에서 명령의 적정 조건을 만족하고 있다. 여기에다가 (6)은 공손의 '좀'을 사용하였으므로 결국 명령보다는 정도성이 낮은 '요청'의 간접 화행을 수행하게 된다. (7)의 S1은 언중에게 익은 관용 표현으로서 질문에 대한 대답을 원하지 않으면서도 질문문의 형식을 취한 인사 화행으로 이해된다.

(5)-(7)같은 질문문이 쓰인 상황을 질문의 적정 조건에 비추어 보면 (8)과 같은 결론을 얻을 수 있다.

(8) 질문 화행 이외의 다른 화행을 수행하는 질문문의 발화 상황

질문의 적정 조건	명제 내용 조건	예비 조건1	예비 조건2	성실 조건	본질 조건
명령 수행 질문문의 발화 상황	불만족	불만족	불만족	불만족	불만족
요청 수행 질문문의 발화 상황	만족	불만족	만족/불만족	불만족	불만족
인사 수행 질문문의 발화 상황	만족	만족	만족	불만족	불만족

위의 표를 통해서 알 수 있는 것은 질문문이 간접적으로 사용되는 경우는 (3)에서와 마찬가지로 질문의 예비 조건 1과 2, 성실 조건과 본질 조건을 어겼을 때이다. 다만 인사 화행에 질문문이 사용될 때 질문의 예비 조건1과 2를 만족시키는 것은 이것이 간접 화행의 용법으로 아주 굳어진 관용 표현이 되었기 때문이다. 그러므로 질문문이 간접 화행으로 수행될 때의 적정 조건은 일반적으로 (5)-(6)의 경우와 같다. 따라서 (5)-(6)은 질문의 적정 조건을 어기는 대신 명령, 요청 등의 화행의 조건을 갖추고 있다.

이상의 (3)과 (8)에서 눈에 띄는 점은 '명제 내용 조건'이 만족할 때와 만족하지 않을 때가 발생하는데 이러한 경우는 주로 부정어가 첨가된 발화의 경우에 '명제 내용 조건'이 만족하지 않는다. 그러므로 질문문이 질문 화행을 수행하지 못하고 간접 화행을 수행하는 경우의 적정 조건과의 관계는 부정어가 첨가되는 발화의 경우에는 명제 내용 조건을 만족하지 못하고 부정어가 삽입되지 않는 발화의 경우에는 명제 내용 조건을 만족하는 것으로 파악된다.

3.2.2. 명령의 적정 조건과 명령문의 간접 화행 상황

명령문은 일반적으로 화자가 대화에서의 위치가 청자보다 높은 경우에 이루어진다. 그러므로 명령 화행이 이루어지려면 선행 조건으로 청자가 화자를 대화 상에서 윗사람으로 인정해야 한다. 곧 청자보다

화자가 사회적 또는 물리적으로 상급자의 위치에 있어야 한다는 것은 아니고 심리적으로 화자가 청자보다 우세한 위치에 있다는 것을 의미할 뿐이다. 이와 같이 명령 화행은 청자의 주관적 판단에 의해 명령으로 받아들이느냐 아니냐가 결정되므로 청자 중심의 화행이라 볼 수 있다[61]. 이런 예비 조건이 만족되었을 때 화자는 청자에게 어떤 행위를 시키도록 할 수 있다.

청자의 판단에 의해 결정되는 것이 명령 화행이라 하더라도 청자는 화자의 명령을 거부할 수는 없다. 그것은 명령이란 것이 본래 화자가 청자에 의해 부여되거나 인정받은 일종의 권위를 지니며 이러한 화자의 권위는 청자가 적극적으로 받아들이는 것이기 때문이다. 그러면 (9)의 발화가 명령 화행을 수행할 수 있는지에 대해 (10)에서 제시한 '명령의 적정 조건'을 통해 살펴보기로 하자.

(9) 지금 즉시 회의실로 집합해라.

(10) 명령의 적정 조건
　　　㉠ 명제 내용 조건: 청자의 미래의 어떤 행위 A
　　　㉡ 예비 조건: 화자는 청자에 대해 어떤 권위를 지닌다. 그러한
　　　　　　　　　　화자의 권위를 청자는 인정한다.
　　　㉢ 성실 조건: 청자가 미래에 어떤 행위를 수행하기를 화자는 바
　　　　　　　　　　란다
　　　㉣ 본질 조건: 청자는 화자의 발화가 청자 자신이 어떤 행위를 수
　　　　　　　　　　행하기를 바란다는 것을 인식한다.

(9)는 첫째 청자의 미래 행위 '지금 즉시 회의실로 집합한다'는 명제 내용을 지녔으므로 명제 내용 조건을 만족시킨다. 둘째 (9)가 어떤 조직성이 있는 곳에서 일어난 발화라면 화자는 청자에 대한 어떤 권

---

61) 이외에도 명령은 법률로 정해지는 규칙을 지칭하는 경우도 있으므로 이런 경우에는 Bach-Harnish(1979)의 '관습적 언어 행위'에 해당한다. 명령 화행에 관습적 성격이 나타나는 것은 언어의 이중적 성격을 반영하는 화행의 관용적인 사용을 인정하는 보편적인 현상이다.

위를 지니고 있으며 그 권위는 수동적이든 능동적이든 청자가 인정하게 되므로 예비 조건을 지켰다. 셋째 화자는 청자가 회의실로 올 것을 바라고 있기 때문에 성실 조건을 지켰다. 넷째 청자 또한 화자가 자신이 회의실로 올 것을 희망한다는 것을 인식함으로써 (9)는 명령의 본질 조건을 지켰다. 따라서 이상의 적정 조건을 지킨 (9)는 명령 화행이 된다.

일반적으로 국어의 명령문은 통사적 표지 '-(어)라'를 통해서 구현되는데 (9)의 경우에는 명령이 직접적으로 전달되기 때문에 화자는 이러한 경우 간접적으로 명령을 전달하고자 한다. 명령이 (9)처럼 직접적으로 사용되는 경우는 조직성이 강조되는 군대 같은 특수한 상황에 해당되며 일반 상황에서의 명령은 대부분 간접 명령을 사용한다.

그러나 (9)와 같이 명령문의 통사적 표지인 '-(어)라'를 사용한 것이 (11)-(12)에서 보듯이 모두 명령 화행을 수행하지는 않는다.

(11) 철수도 자르고 다니는데 너도 꼬리 좀 잘라라.
(12) 갑1: 너의 선배는 주로 80년대 학번이지만 내 선배는 주로 70년대 학번이야. 까불지마.
     을2: 앗, 갑자기 분위기 썰렁해진다. 왜 그래요, 누나? 그런 얘기 그만하고 우리 다른 얘기해요.
     갑3: <u>너 말 돌리지 마라</u>.
     을4: 알았어요. 선배 어려운 줄은 잘 알아요. 괜히 겁주지 마세요. 하하.

(11)은 '문 닫아라'라는 의미를 전달하기 위해 정중성을 높이는 공손의 부사어 '좀'을 사용하여 명령문을 통한 청유 화행을 수행하고 있다. (12)의 갑3은 대화 상황에 의하여 '기존의 대화 주제를 벗어나지 말 것'을 경고하기 위해 명령문을 통한 간접 경고(진술 행위)를 하고 있다. 그러면 이제 (11)-(12)가 명령의 화행이 되지 못하는 원인을 명령의 적정 조건을 통해서 살펴보고 또한 이들 발화가 청유 화행과 경고 화행으로서 합당한지에 대해서도 각각의 적정 조건에 비추어 살펴보기로 한다.

먼저 명령의 적정 조건과 비교했을 때 (11)은 '꼬리를 자르다'라는 명제 내용 조건을 지켰고62) '좀'이라는 어휘가 지니는 기능으로 볼 때 화자는 자신의 권위가 약하며 청자에게 그러한 권위가 인정받지 못한다는 것을 인정한 점에서 예비 조건을 지키지 못하였다. 그리고 화자는 청자에게 어떤 행위를 수행하기를 바란다는 점에서 성실 조건을 지켰고 청자는 대화 상황에 의해서 화자가 자신에게 어떤 행위를 하기를 바란다는 것을 인식하고 있으므로 본질 조건을 만족하고 있다.

(13) 청유 수행 명령문의 발화 상황

명령의 적정 조건	명제 내용 조건	예비 조건	성실 조건	본질 조건
청유 수행 명령문의 발화 상황	만족	불만족	만족	만족

한편 (12)는 명령의 적정 조건에 비추어 보았을 때 대화 내용을 바꾸지 말고 계속하자는 명제 내용 조건을 만족하지 못하고 있는데 이것은 부정 명령문이기 때문이다63). 대화 상황에 의해서 화자의 권위가 위협받고 있으므로 예비 조건을 만족시키지 못하고 있다. 청자의 미래 행위인 '다른 말을 하는 것'을 화자가 바라고 있지 않음으로 명령의 성실 조건을 만족하지 않고 있다. 또한 '말을 돌리지 마라'는 명령이 배제되지 않고 청자가 화자의 명령의 배경과 동기를 추론하도록 강요받음으로써 청자는 화자의 발화가 명령에 있지 않음을 인식한다는 점에서 명령의 본질 조건을 만족하고 있지 않다. 그러므로 명령문이 경고 화행을 수행할 때를 명령문의 적정 조건과 비교하면 (14)와 같다.

---

62) '꼬리 좀 잘라라'에서 사용된 '꼬리'를 관용어로 인정하지 않으면 명제 내용 조건을 만족하지 않지만 '꼬리'를 '문을 열어 놓은 상황'을 일컫는 관용어로 인정하게 된다면 명제 내용 조건을 만족하는 것으로 볼 수 있다.
63) 만약 긍정 명령문일 경우라면 명제 내용 조건을 만족하였을 것이다.

(14) 경고 수행 명령문의 발화 상황64)

명령의 적정 조건	명제 내용 조건	예비 조건	성실 조건	본질 조건
경고 수행 명령문의 발화 상황	만족/ 불만족	불만족	불만족	불만족

위와 같이 (11)과 (12)가 명령문의 적정 조건 가운데 예비 조건을 만족시키지 못하기 때문에 이들은 명령이 아닌 다른 기능을 수행하게 된다. 곧 명령문이 고유의 명령 기능 이외에 다른 기능을 수행하게 되는 조건은 (15)와 같이 명령의 예비 조건을 어기는 경우로 화자는 청자에 대한 어떤 권위를 지니지 않거나 화자의 권위를 청자가 인정하지 않았을 때 명령문은 간접적으로 사용된다.

(15) 다른 화행으로 수행되는 명령문의 발화 상황

명령의 적정 조건	명제 내용 조건	예비 조건	성실 조건	본질 조건
청유 수행 명령문의 발화 상황	만족/불만족	불만족	만족	만족
경고 수행 명령문의 발화 상황	만족/불만족	불만족	불만족	불만족

('만족/불만족'이 함께 표시된 경우에 '만족'은 긍정문, '불만족'은 부정문에 해당됨.)

3.2.3. 진술의 적정 조건과 진술문의 간접 화행 상황

진술문은 정보 전달을 주목적으로 하는 진술 화행을 수행한다. 이러한 사실은 진술 화행의 하위 화행인 '가정, 강조, 경고, 기술...' 따위의 해석적 화행에서 보듯이 청자의 행동을 전제로 하지 않는다. 그러나 3.1.3에서 보았듯이 진술문도 진술 화행 이외의 다른

---

64) 경고 화행은 진술 화행의 확대 화행이므로 경고 화행의 발화 상황 조건은 진술 화행에도 적용이 되는 것으로 보았다.

화행(명령, 질문, 청유)을 수행하는 데 여기서는 이들 다른 화행을 수행하는 상황을 적정 조건에 비추어 살펴보겠다.

  (16) 그것은 네 것이다.

(16)은 주장의 진술문으로서 실제로는 '네가 가져라'라는 명령의 간접 화행을 수행하고 있다. 왜냐하면 (16)은 당연히 상대방의 것임을 밝힘으로써 그 대상('그것')에 대해 상대방 단독으로 처리할 수 있으므로 청자의 의지에 맡긴다는 뜻을 나타내기 때문이다. 그러면 (16)의 문장이 주장의 화행으로 해석되기 어려운 이유를 (4)에서 제시했던 주장의 적정 조건으로 설명해 보기로 하자.

  (17) 주장의 적정 조건
     ㉠ 명제 내용 조건: 어떤 명제 P
     ㉡ 예비 조건: 1. 화자는 명제 P가 참임에 대한 증거(이유 따위)
              가 있다.
            2. 청자가 명제를 안다는 것이 화자와 청자에게 다
              분명하지 않다.
     ㉢ 성실 조건: 화자는 명제를 믿는다.
     ㉣ 본질 조건: 결과적으로 명제 P가 실제의 사건을 나타낸다는 것
            것을 제시하는 것으로 본다.

(16)의 발화와 (17)의 주장의 적정 조건과의 관계를 보면 다음과 같다. '그것이 상대방의 것'이라는 명제 내용 조건을 만족시키고 청자와 그 대상이 어떤 관계가 있음을 밝힘으로써 예비 조건을 만족시키고 있다. 소유라는 긍정적 정서를 지니므로 성실 조건도 만족시키고 있다. 그러나 '그것은 네 것이다'라는 말에는 화자의 어떠한 의도도 반영되어 있지 않으므로 주장 진술의 본질 조건을 만족시키지 못한다. 따라서 이 발화는 다른 언표내적 행위를 의도하고 있는 간접 화행의 문장으로 볼 수밖에 없다. 이것을 표로 나타내면 (18)과 같다.

(18) 명령 수행 진술문의 발화 상황

진술(주장)의 적정 조건	명제 내용 조건	예비 조건	성실 조건	본질 조건
명령 수행 진술문의 발화 상황	만족	만족	만족	불만족

앞에서 언급했듯이 (16)은 명령 화행을 수행한다. 그러면 이것이 어떻게 해서 명령 화행을 수행하게 되는 지를 다음의 명령 화행의 적정 조건을 통해서 살펴보기로 하자.

(19) 명령의 적정 조건
    ㉠ 명제 내용 조건: 청자의 미래의 어떤 행위 A
    ㉡ 예비 조건: 화자는 청자에 대해 어떤 권위를 지닌다. 그러한 화자의 권위를 청자는 인정한다.
    ㉢ 성실 조건: 청자가 미래에 어떤 행위를 수행하기를 화자는 바란다.
    ㉣ 본질 조건: 청자는 화자의 발화가 청자가 어떤 행위를 수행하기를 바란다는 것을 인식한다.

(19)에서 제시된 명령의 적정 조건에 (16)의 발화를 비추어 보면 다음과 같다. 첫째 발화 속의 사물('그것')을 청자가 장차 소유하게 될 것을 나타내므로 명제 내용 조건을 만족시킨다. 둘째 화자는 그 물건의 소속 여부에 대해 어떤 권위를 지니고 청자에게 그러한 권위를 인정받음으로써 명령의 예비 조건을 만족시키고 있다. 셋째 화자는 '그것은 네 것이다'를 통해서 그 대상이 청자의 소유가 되기를 바란다는 것을 암시함으로써 명령의 성실 조건을 만족시키고 있다. 넷째 청자는 화자의 발화에서 화자가 청자 자신에게 그 물건의 소유를 인정하고 청자 소유를 희망한다는 것을 인식하게 됨으로써 명령의 본질 조건을 만족시키고 있다. 그러므로 '그것은 네 것이다'라는 발화는 진술문을 통한 명령의 화행을 수행하게 된다.

다음으로 진술문이 질문 화행을 수행하는 경우를 살펴보자.

(20) 댁의 주소를 잘 모르겠습니다.

(20)은 진술문인데 일반적으로 청자는 이것을 질문으로 이해(또는 해석)하게 된다. 진술을 질문 화행으로 이해하는 이유는 (20)이 진술의 적정 조건을 어기고 있기 때문이다. 이를 위해서 진술문의 적정 조건 (21)과 (20)의 관계를 살펴보겠다.

    (21) 진술의 적정 조건
        ㉠ 명제 내용 조건: 화자나 청자의 과거나 미래 행위 또는 사건
                        (사태)
        ㉡ 예비 조건: 화자나 청자는 명제와 인위적 또는 자연적으로 관
                    계가 있다.
        ㉢ 성실 조건: 화자와 청자는 명제 내용을 이해한다.
        ㉣ 본질 조건: 화자나 청자의 의도가 있거나 있게 된다.

(20)은 화자가 현재 '주소를 모른다'는 상태를 나타낸 것이므로 명제 내용 조건을 만족키며 이 명제 내용과 화자는 모종의 관련이 있으므로 예비 조건을 만족시킨다. 또 화자는 (20)을 통해서 미안하다는 부정적 정서를 지니므로 성실 조건도 만족시키고 있다. 그러나 화자는 (20)에서 청자에게 어떠한 의도가 있음을 직접적으로 나타내지 않음으로써 본질 조건을 만족시키지 못하고 있다. 그러므로 (20)은 (22)의 표에서처럼 진술문이 지니는 적정 조건 가운데 본질 조건을 만족시키지 않음으로써 진술문을 통한 다른 언표내적 행위를 하는 것으로 볼 수밖에 없다.

(22) 질문 수행 진술문의 발화 상황

진술의 적정 조건	명제 내용 조건	예비 조건	성실 조건	본질 조건
질문 수행 진술문의 발화 상황	만족	만족	만족	불만족

그러면 진술문으로서 진술 화행을 수행하지 못하는 (20)이 (23)의 질문의 적정 조건과는 어떠한 관계를 지니는지 보겠다[65].

(23) 질문의 적정 조건
　　㉠ 명제 내용 조건: 어떤 명제 혹은 함수
　　㉡ 예비 조건: 1. 화자는 답을 모른다. 곧 그 명제가 참인지를 알지 못한다. 또는 명제 함수인 경우에 그 명제를 참되게 완성시키는데 필요한 정보를 알지 못한다.
　　　　　　　　　 2. 물어보지 않아도 청자 H가 그 정보를 제공할 지에 대해서 화자와 청자는 다같이 분명하지 않다.
　　㉢ 성실 조건: 화자는 이 정보를 원한다.
　　㉣ 본질 조건: 청자로부터 이 정보를 끌어내려는 시도로 간주된다.

(20)은 첫째로 '주소를 모른다'라는 명제를 지녔으므로 질문의 명제 내용 조건을 만족시킨다. 둘째로 (20)의 화자는 '주소'를 모르고 이러한 사실에 대해 청자가 '주소'를 알려줄 지에 대해서는 화자와 청자 모두 확실하지 않기 때문에 질문의 예비 조건도 만족시킨다. 셋째로 화자는 자신이 주소를 모른다는 것을 발화함으로써 알고싶다는 것을 말한 것이 되므로 질문의 성실 조건도 만족시킨다. 넷째로 청자는 (20)을 접하고 화자가 '주소'에 대한 정보를 원한다고 대화 상황에 의해서 인식하게 된다면 질문의 본질 조건을 만족시킨다. 곧 진술문을 통한 간접 질문 화행이 되려면 대화 상황에 의한 질문의 본질 조건을 만족시켜야 하는데 대화 상에 의하면 (20)은 이러한 질문의 본질 조

---

65) 질문의 적정 조건은 앞에서 제시된 것이다.

건을 만족시키게 됨으로써 진술문이지만 언표내적 목적은 질문이 되는 것이다.

이상과 같이 진술문은 진술 화행 이외에 '질문 화행, 명령 화행, 청유 화행'을 수행하며 이들 화행을 수행하는 진술문의 발화 상황은 앞에서 논의한 것을 종합해 보면 (24)와 같다.

(24) 간접 화행 수행 진술문의 발화 상황

진술의 적정 조건	명제 내용 조건	예비 조건	성실 조건	본질 조건
질문 수행 진술문의 발화 상황	만족	만족	만족	불만족
명령 수행 진술문의 발화 상황	만족	만족	만족	불만족
청유 수행 진술문의 발화 상황	만족	만족	만족	불만족

3.2.4. 청유의 적정 조건과 청유문의 간접 화행 상황

청유문은 청유법 문말 표지를 써서 화자가 청자에게 행동을 같이 하거나 청자의 행동만을 제의하거나 요청하는 것으로써 기본적으로 청유 화행을 수행한다. 이러한 청유 화행은 청자의 행동을 요구한다는 점에서는 명령 화행과 같기도 하지만 일반적인 대화에서는 섞어서 쓰이는 경향이 있다. 본 연구에서는 청유문이 청유 화행 이외에 진술 화행과 명령 화행을 수행하는 것으로 보았는데 여기서는 명령 화행을 수행하는 경우만을 대상으로 청유의 적정 조건에 비추어 살펴보겠다.

(25) 갑1: 상당히 오래 걸리네. 얼마나 가야하나.
　　 을2: 응, 곧 도착할거야. (이때 버스가 멈추고, 앞쪽에 있던 병이 말하기를)
　　 병3: 야, <u>여기서 내리자.</u>

(26) 문에 신경 좀 쓰자.

(25)의 대화 상황은 친구들이 버스를 타고 가다가 목적지가 가까워서 어떤 사람이 다른 사람에게 내릴 것을 알리는 경우이다. (26)은 문을 닫을 것을 알리는 경우이다. 여기서는 (26)을 중심으로 청유문을 통한 명령 화행의 수행의 경우를 살펴보겠다.

(26)이 청유 화행을 수행하려면 청유의 적정 조건 (27)을 만족하여야 한다.

(27) 청유의 적정 조건
    ㉠ 명제 내용 조건: 화자나 청자의 미래 행위 A
    ㉡ 예비 조건: 1. 화자는 행위 A를 할 수 있다.
             2. 청자는 화자가 행위 A를 수행하길 원할 수도 있고 원하지 않을 수도 있다.
    ㉢ 성실 조건: 화자나 청자는 미래 행위 A가 일어날 지에 대해 확실하지 않다. 그러나 화자는 청자가 화자의 미래 행위 A에 관심을 갖기를 원한다.
    ㉣ 본질 조건: 화자와 청자는 행위 A를 하려는 어떠한 의무감이나 의지는 없지만 능력은 있다.

(26)을 청유의 적정 조건 (27)에 비추어 보면 다음과 같은 결론을 얻을 수 있다. 청자의 '문에 신경을 쓰는' 미래 행위라는 명제 내용 조건은 만족하고 있다. 단 화자는 '문에 신경을 쓰는 미래 행위를 이미 하였으므로 예비 조건을 만족시키고 있지 않다. 그리고 화자는 청자가 문에 신경을 쓴다는 미래 행위가 일어날 지는 확실하지 않지만 청자가 문에 신경을 쓰는 데 관심 갖기를 원하므로 청유의 성실 조건을 만족시킨다. 화자와 청자는 문에 신경을 쓴다는 의지는 없지만 능력은 있다는 점에서 본질 조건을 만족시킨다. 결국 (26)은 청유문의 형식을 취하고는 있지만 (28)에서 보듯이 청유의 적정 조건 가운데 성실 조건을 만족하지 않았기 때문에 청유 화행이 아닌 다른 화행을 수행한다고 볼 수밖에 없다. 곧 청자는 화자의 발화 (26)을 청유문을

사용한 간접 화행으로 인식하고 청자의 추론에 의해서 화자가 청자 자신에게 명령을 하고 있는 것으로 인식하게 된다.

(28) 명령 수행 청유문의 발화 상황

청유의 적정 조건	명제 내용 조건	예비 조건	성실 조건	본질 조건
명령 수행 청유문의 발화 상황	만족	불만족	만족	만족

　　그러면 청유문으로서 청유 화행을 수행하지 않는 (26)이 명령 화행을 수행한다면 명령의 적정 조건을 만족하여야 한다. (19)에서 제시된 명령의 적정 조건에 (26)의 발화를 비추어 보면 다음과 같다. 첫째 문에 신경을 쓰는 청자의 미래 행위를 담고 있으므로 명제 내용 조건을 만족시키고 있다. 둘째 (26)의 화자가 청자에 비해 대화 상에서 우위를 점하고 있을 때 '-자'라는 문법 표지가 가능하므로 명령의 예비 조건을 만족하고 있다. 셋째 대화 상황에 의해 화자는 청자가 미래에 문에 신경쓰기를 바라고 있으므로 (26)은 명령의 성실 조건을 만족시키고 있다. 넷째 (26)을 통해서 화자가 청자 자신에게 문에 신경쓰는 행위를 수행하기를 바라고 있음을 청자가 인식하게 된다면 명령의 본질 조건을 만족하게 된다. 그러므로 (26)은 청유문을 통한 명령 화행을 수행하는 것으로 이해된다.

　　이상으로 각각의 문장이 고유하게 지니는 문법적 화행을 수행하지 않고 다른 화행을 수행할 때의 적정 조건을 종합적으로 보면 다음과 같다. 질문문은 예비 조건, 성실 조건, 본질 조건을 만족하지 않았을 때 질문 화행이 아닌 다른 화행을 수행한다. 명령문은 예비 조건만을 만족하지 않았을 때 명령 화행이 아닌 다른 화행을 수행한다. 진술문은 본질 조건이 만족되지 않았을 때 진술 화행이 아닌 다른 화행을 수행한다. 마지막으로 청유문은 성실 조건을 만족하지 않았을 때 청

유 화행이 아닌 다른 화행을 수행한다. 이러한 점을 도표로 보이면
다음과 같다.

(29) 고유 화행 이외의 다른 화행으로 수행되는 문장별 발화 상황

문장 유형	적정 조건 ／ 화행 수행 상황	명제 내용 조건	예비 조건	성실 조건	본질 조건
질문문	명령 화행	만족/불만족	불만족	불만족	불만족
	진술 화행	만족/불만족	불만족	불만족	불만족
	청유 화행	만족/불만족	불만족	불만족	불만족
명령문	질문 화행	-	-	-	-
	진술 화행	만족/불만족	불만족	불만족	불만족
	청유 화행	만족/불만족	불만족	만족	만족
진술문	질문 화행	만족	만족	만족	불만족
	명령 화행	만족	만족	만족	불만족
	청유 화행	만족	만족	만족	불만족
청유문	질문 화행	-	-	-	-
	명령 화행	만족	불만족	만족	만족
	진술 화행	만족	불만족	만족	만족

('만족/불만족'이 함께 표시된 경우에 '만족'은 긍정문, '불만족'은 부정문에 해당됨.)

제4장 간접 화행의 해석 과정

3장에서는 국어의 문장 유형이 각각 수행하는 간접 화행의 유형 그리고 간접 화행이 수행되는 상황을 설명하였다. 여기서는 직접 화행을 수행하는 문장 형식이 청자 내부에서 어떤 단계와 절차를 거치면서 정보를 처리하여 담화 상황과 관련지어서 화자의 발화를 간접 화행으로 이해 또는 해석하는지를 보겠다.

발화의 생산과 해석에 대해서는 많은 학자들이 그 과정을 설명하였으나 본 연구에서는 화행론과 관련된 Bach-Harnish(1979:235)를 기준으로 하였다.

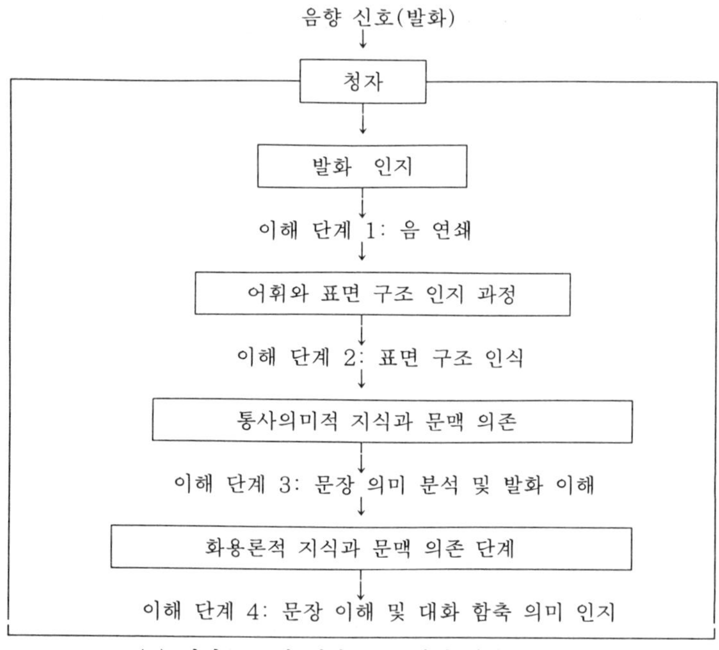

(1) 언어를 통한 의사 소통 과정(청자의 측면)

(1)은 청자의 측면에서 본 의사 소통의 이해 단계이며 네 단계로 볼 수 있다. 음운론적 능력과 어휘적 지식과 이들을 결합하는 통사 구조적 지식은 첫째 단계와 둘째 단계에 적용되고 화용론적 지식과 문장 이해나 의미 인지같은 의미론적 문제는 셋째 단계와 넷째 단계에 적용된다. 1, 2단계는 형식적인 측면에서 접근하는 것으로 발화 수신 즉시 청자가 이해하게 된다. 반면에 3, 4단계는 청자의 대화 상황이나 함축 의미에 대한 청자의 추론 과정이 필요하게 되므로 본 연구에서는 전자보다는 후자의 이해 단계 3과 이해 단계 4를 중심으로 간접 화행의 해석 과정에 대해 살펴보겠다.

　이와 같은 기본 전제 아래에서 화행 의미를 해석하는 과정을 살피려면 2장에서 제시되었듯이 직접 화행과 간접 화행의 명확한 정의가 필요하다. 기존의 화행 해석에서 문제점이 드러나는 이유는 직접 화행과 간접 화행의 구분이 모호하였기 때문이다.

(2) ISA의 인지 및 해석 과정66)

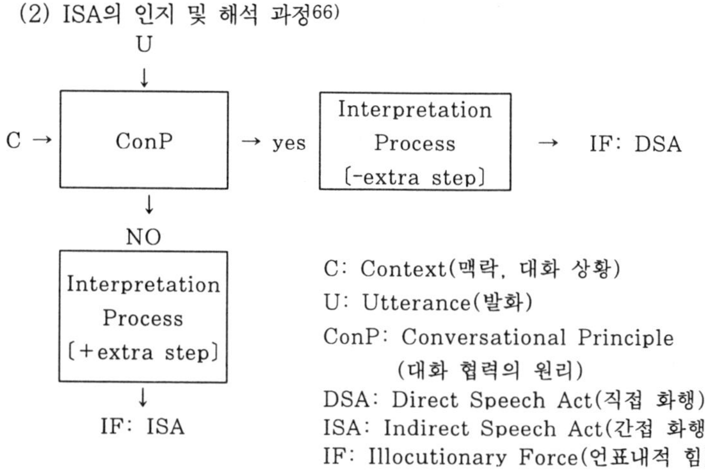

(2)는 이영래(1992:29)에서 제시된 'ISA 인지 및 해석 모형'이다. 여기서 나타나는 문제점은 대화 협력의 원리가 적용되면 직접 화행으로 해석되고 적용이 안되면 간접 화행으로 해석되는 점을 간과했다는 것이다. 곧 이영래(1992)에서 제시된 해석 모형의 문제점은 간접 화행을 너무 단선적으로 보았다는데 있다.67)

　이러한 문제점을 보완하기 위해서 본 연구에서는 간접 화행을 비고정적 간접 화행과 고정적 간접 화행으로 나누어 각각의 해석 과정을 살펴보겠다. 일반적으로 간접 화행은 상황에 따라 여러 화행을 수행하는 경우와 상황과 관계없이 항상 일정한 화행만을 수행하는 경우의 두 가지로 대비되기 때문에 두 부류의 간접 화행 구분은 논의 진행에 큰 문제는 없다고 본다.

---

66) 'extra step'는 화행 추론의 단계이며, [+extra step]는 화행 추론 단계를 거쳐야 함을 [-extra step]는 화행 추론 단계를 거치지 않음을 의미한다.

67) 이것은 뒤에서 논하겠지만 간접 화행 가운데서도 추론 과정 없는 고정 간접 화행의 경우에는 이영래(1992)에서 제시한 직접 화행의 해석 단계에 해당한다.

4.1. 비고정 간접 화행 표현의 해석

비고정 간접 화행의 표현들은 직접 화행으로도 해석될 수 있다. 곧 비고정 간접 화행은 언중들에게 간접 화행 형식으로 굳어져 있지 않기 때문이다. 일반적으로 상황이 분명하지 않은 경우 비고정 간접 화행을 접한 청자의 반응은 즉각적이지 못한데, 이것은 이를 해석하는 과정이 고정 간접 화행과는 달리 직접 화행으로도 해석할 수 있기 때문이다. 이러한 비고정 간접 화행을 이해하는 과정의 특징은 어떤 발화를 접한 청자가 화자의 직접적인 언표내적 행위를 추론하여 다른 언표내적 행위를 재추론하는 다단계 해석 단계를 거치는 것으로 볼 수 있다.

(3)에서 갑의 발화를 접한 청자 을은 목소리만으로 화자가 누구인지를 안다면 화자가 지희를 바꾸어 달라는 표현을 간접적으로 발화했음을 안다. 그러나 청자 을이 화자 갑에 대한 정보를 알고 있더라도 청자 을은 을1과 을2 가운데 하나를 선택하게 된다.

(3) 갑: 거기 지희네 집이지요?
    ┌ 을1: 지희와 통화하려고요? 잠깐 기다려요.
    └ 을2: 맞습니다.

이와 같이 전화 통화에서는 '갑의 발화에서 언급한 사람을 바꿔준다'는 사전 지식을 알고 있음에도 불구하고 직접 화행(질문 화행)의 언표내적 힘이 우위를 점하게 되어 갑의 발화를 질문으로 이해하고 을2처럼 응답을 하기도 한다.

(4)에서는 화자 갑이 자신에 대한 정보를 청자 을에게 주고 있다.

(4) 갑: 저 도희 친구 지희인데요.
    ┌ 을1: 그래, 잠깐만 기다려요.
    └ 을2: 그래 오랜만이네. 요즘 어떻게 지내요?

청자는 갑의 발화 의미가 지희를 바꾸어 줄 것을 요구하는 것임을 알고 을1처럼 '도희'를 바꾸어 줄 수도 있고 또는 을2처럼 화자와의 대화를 지속하려는 인사 발화를 할 수도 있다.
　(5)는 전화를 건 화자가 자신의 본론을 직접 말하였다.

　(5) 갑: 도희랑 얘기할 수 있을까요?
　　　┌ 을1: 잠깐 기다리세요.
　　　└ 을2: 지금 몇 시인지 알아요?

을1과 같이 갑의 전화를 바꾸어 달라는 명령(요청)을 질문문을 통하여 간접적으로 사용했다는 것을 알고 도희를 바꾸어 주거나 을2와 같이 청자의 화자에 대한 사회적 지위에 따라 도희를 바꾸어 주지 않고 화자의 전화 예절에 대한 충고를 한다거나 다른 대화를 할 수도 있다. '을2'에서 화자는 시간이 몇 시라는 데는 관심이 없고 청자 또한 그러한 화자의 의도를 알고 있다. 곧 화자는 시간에 대한 신정보를 얻고자 질문한 것이 아니라는 것을 대화 상황에 의해서 청자에게 전달함으로써 상대방에게 다른 언표내적 목적을 지니고 있다는 것을 알리는 것이다. 이때 청자는 그러한 화자의 또 다른 언표내적 목적을 추론함으로써 화자가 자신에게 무엇인가를 진술하는 것이며 진술이라면 자신과 화자의 발화가 지니는 명제 내용이 무엇인지를 재추론하여 자신을 책망하는 것으로 인식함으로써 화자가 자신에게 질문한 것이 아니라 질문문을 통한 진술(비난) 화행을 수행한 것으로 이해한다.68)

---

68) 한편 비고정적 간접 화행에는 상황에 따라서 발화의 전달 내용이 다르게 나타나는 경우도 있다. 곧 같은 발화 행위일지라도 상황에 따라서 청자가 받아들이는 해석이나 화자가 전달하고자 하는 바가 다르게 나타나는 경우로 아래의 예가 있다. 앞선 연구에서는 이러한 경우를 특별 대화 함축으로 파악되었으나 본 연구에서는 간접 화행으로 분류하였다. 왜냐하면 아래 예문의 경우 질문문의 질문 화행이 다른 언표내적 화행인 명령 화행을 수행하기 때문에 이 글에서 밝힌 간접 화행의 정의에 따라서 간접 화행의 범주에 속한다.
　　㉠ 문 고장났니? → 문 닫아라. 〈문이 열려 있을 경우〉
　　　(질문 화행)　　　(명령 화행)

　따라서 비고정 간접 화행의 해석 단계는 다음과 같이 추론해 볼 수 있다. 첫째, 어떤 발화를 해석할 때 청자가 먼저 해야할 일은 화자의 발화가 지니는 문장 표지에 의해 나타나는 화행을 이해하고 해석할 것이다. 둘째, 직접 화행과 그 명제 내용으로 의사 소통이 불충분함을 인식하게 된다. 셋째, 그러므로 충분한 의사 소통을 위하여 화자의 발화를 대화 상황에 의존하여 재해석함으로써 화자의 발화가 지니는 직접 화행이 아닌 다른 화행으로 인식하게 된다. 넷째, 간접 화행으로 수행되는 명제 내용을 추론한다. 다섯째, 화자의 발화가 지니는 언표내적 기능을 대화 상황과 추론을 통해 파악한 청자는 비로소 화자가 전달하고자 하는 화행이 어떤 것인지 이해하게 되고 화자의 발화에 수반된 언표내적 행위를 수행하게 된다. 이러한 청자의 해석 과정을 단계별로 보면 (6)처럼 나타낼 수 있다.

　(6) 비고정 간접 화행의 해석 단계
　　1단계: 언어 표현에 대한 해석(직접 화행 인식)
　　2단계: 직접 화행과 그 명제 내용으로 의사 소통 불충분 인식(대
　　　　　화 협력의 원리에 의해서)
　　3단계: 충분한 의사 소통을 위한 재해석(대화 상황에 의거하여
　　　　　상황 정보 수집)
　　4단계: 상대방이 수행하려고 목표한 명제 내용과 간접 화행을 추론
　　5단계: 화자의 심층을 충분히 이해한다.

　비고정 (6)의 간접 화행의 해석 단계를 검증하기 위해 '진술문, 질문문, 명령문, 청유문'이 고유 화행을 수행하지 않고 다른 화행을

　　ⓛ 문 고장났니? → 문 열어라. 〈문이 닫혀 있을 경우〉
　　　　(질문 화행)　　　(명령 화행)
　　㉠과 ⓛ은 질문문을 통한 질문 화행을 수행하여 명령이라는 간접 화행을 수행한 점에서 같지만 상황에 따라서 실제의 전달 의미는 다르게 나타난다. ㉠은 문이 열려 있을 경우에는 문을 닫으라는 명령 화행을 수행하고 ⓛ은 문이 닫혀 있는 경우에는 문을 열라는 명령 화행을 수행하지만 전달 내용은 서로 다르므로 간접 화행의 특별한 경우로 볼 수 있다.

수행하는 경우의 해석 단계를 살펴보겠다.

4.1.1. 명령의 비고정 간접 화행의 해석 단계

'진술문, 질문문, 청유문'이 명령 화행을 수행하는 간접 화행의 해석에 대해 살펴보겠다.

　　(7) 이 집 참 춥다.

(7)의 진술문을 통한 명령 화행에 대해 청자가 해석하는 과정을 추론하면 (8)과 같다. (7)의 발화를 접한 청자는 화자가 자신에게 진술 화행을 했다고 볼 수 있지만 화자가 감기에 걸려 있고 날씨가 추우며 문이 열려 있는 상황이라면 '문을 닫으라'는 명령(요청) 화행을 수행하는 것이다. 곧 진술 화행과 명령 화행의 두 가지로 해석되는 것은 (7)이 비고정적 화행이기 때문이다. 후자의 경우 청자는 발화 (7)을 (8)의 단계를 거쳐서 명령(요청)으로 이해하게 된다.

　　(8) (7)의 진술문을 명령 화행으로 해석하는 단계
　　　　1단계: '이 집이 춥다'라는 발화 자체가 지닌 명제 내용과 그
　　　　　　　　발화가 수행하는 진술 행위를 이해한다.
　　　　2단계: '집이 춥다'는 명제 내용만을 화자가 전달한 것으로는
　　　　　　　　화자의 발화가 지니는 의미를 알 수가 없다. 그러므로
　　　　　　　　대화 협력의 원리에 의해서 청자는 화자가 단순히 현재
　　　　　　　　의 상황만을 진술하고 있다고 보지 않는다.
　　　　3단계: 화자가 청자와의 의사 소통을 위해서 발화하였으므로
　　　　　　　　그의 발화는 의사 소통에 적절하고 충분한 명제 내용과
　　　　　　　　함께 진술 화행이 아닌 다른 언표내적 화행을 수행할
　　　　　　　　것이다. 그렇다면 화자나 청자를 둘러싼 상황 지식을
　　　　　　　　생각해 보자. 화자는 추위를 잘 타는데 문이 열려 있다.
　　　　　　　　문이 열려 있으면 차가운 공기가 집으로 들어와서 온도
　　　　　　　　를 내려가게 한다든가 하는 현상이 발생한다.

4단계: 화자의 발화는 '집이 춥다'라는 명제 내용이 아니라 '문을 닫다'라는 명제 내용을 지니고 있는 명령 화행임을 추론한다.

5단계: 청자는 화자가 찬바람이 싫어서 문을 닫아달라고 명령(요청)을 직접 지시하지 않고 청자의 의도를 존중하기 위해서 진술문을 통해 명령의 간접 화행을 사용했다고 이해한다.

(8)의 해석 단계를 고려했을 때 (6)의 비고정 간접 화행의 해석 단계에서 가장 중심이 되는 것은 셋째 단계와 넷째 단계가 될 것이다. 왜냐하면 대화 상황에 의해서 청자가 화자의 발화가 지니는 언표내적 행위를 추론하게 되는데 청자의 추론의 옳고 그름에 따라 의사 소통의 진행 방향이나 진행 시간이 결정되기 때문이다.

다음에 보이는 (9)-(10)은 청자의 추론을 필요로 하는 대화 상황에 관련된 발화들로 질문문을 통한 명령 화행 수행의 경우이다. (9)는 대상의 기능과 자연 현상에 기댄 간접 화행이고 (10)은 청자의 판단에 기댄 간접 화행의 경우이다.

(9) ㉠ 너 문은 잊었니?

　　㉡ 문 고장났니?

　　㉢ 문에 바람났니?

　　㉣ 누가 이렇게 문 열고 다녀?

　　㉤ 바람이 덜 들어오게 하면 어떨까?

(9)㉠-㉤은 모두 문을 닫으라는 명령(요청)의 화행을 수행한다. 이들의 공통점은 '문을 닫다'라는 명제의 언어적 구조를 유추할 수 없다는 것이다69). (9)㉠-㉣은 '문'과 관련된 기능을 언급함으로써 화자의 의도를 전달하며 (9)㉤은 '문'이 열려 있어서 추워진다는 자연적 현상에

---

69) 김태자(1989)에서는 구조 유추를 간접 화행과 대화 함축의 구별 기준으로 삼았지만 위의 예에서 보듯 이러한 기준이 지니는 변별성은 약한 것으로 보인다.

기반을 둔 표현이다.

> (10) ㉠ 문에 뭐 달았니?
>   ㉡ 저 문 고장났니?
>   ㉢ 문 안 닫고 뭐하니?
>   ㉣ 문 닫으라는 말도 못 알아듣니?

> (10)´ ㉠ 갑: 문에 뭐 달았니?
>   을: <u>아니요, 뭐가 달렸어요?</u>
>   ㉡ 갑: 저 문 고장났니?
>   을: <u>고장났어요?</u>

(10)의 ㉠과 ㉡은 '문을 열라'는 명령 화행을 수행하기 위해 상황을 제시하고 청자의 판단을 요구하는 표현을 사용하였다. 이때 청자의 판단(질문 화행)과 화자의 의도(명령 화행)가 다르다면 청자는 화자의 의도를 확인하는 (10)´㉠-㉡의 '을'과 같은 발화를 한다. 이러한 경우 상대방('갑')의 반응 발화는 여러 형태로 수행될 수 있지만 일반적으로 '문을 닫으라'는 명제 내용을 뚜렷하게 밝히는 질문문 (10)㉢-㉣을 발화하여 명령 화행을 수행하게 된다[70].

다음으로 질문문을 통한 명령 화행을 수행할 때의 해석 단계를 앞에서 제시되었던 예문을 통해서 점검해 보기로 하자.

> (11) S1: 정말로 그를 사회적으로 매장시켰습니까? 아니지요?
>   H2: 응. 왜 뭐가 잘못되었나?
>   S3: 아니, 뭐 꼭 그런 것은 아니지만 그렇게까지 한 것은 좀 심
>   한 것 같습니다.
>   H4: <u>지금 무슨 말을 하는 거야?</u>

---

70) 이러한 대화는 '힘(power), 화계(ranking), 거리(distance)' 따위의 대화 상황 요소에 따르는 여러 경우의 상황이 있겠지만 여기서는 '갑'이 '을'보다 모든 상황 요소 가운데서 '힘'이 앞서는 경우로 한정한다. 곧 철저한 위계 질서가 분명한 조직 안에서의 대화로 이해한다.

(11)의 H4는 상대방의 발화 내용을 부정칭 관형사로 지시함으로써 질문문을 통한 명령 화행을 수행하고 있다. H4를 질문 화행이 아닌 '그렇게 판단하지 마라'는 명령 화행으로 이해하게 되는 해석 단계는 (12)와 같이 추론할 수 있다.

> (12) 질문문 (11)H4를 명령 화행으로 해석하는 단계
> 　1단계: H4는 청자인 나의 발화를 들었으면서도 나의 발화가 무엇인 지를 질문하고 있다.
> 　2단계: 화자는 청자인 내가 말한 사실을 알고 있기 때문에 화자의 발 화는 내가 말한 사실을 확인하는 질문 화행은 아니다.
> 　3단계: 대화 상황에 의하면 화자는 청자인 나의 발화에 대한 화자 자 신의 생각을 전달하고 있다.
> 　4단계: 화자의 발화는 질문 화행이 아닌 다른 화행을 수행하고 있으 며 명제 내용은 '그렇게 판단하면 안된다'는 것으로 추론한다.
> 　5단계: 그러므로 나는 대화 상황에 의거하여 나의 판단이 잘못되었으 므로 그러한 판단을 멈출 것을 화자가 나에게 명령(요청)하고 있는 것으로 이해한다.

이번에는 청유문을 명령 화행으로 청자가 해석하는 경우를 앞장에서 제시되었던 (13)을 통해서 살펴보자.

> (13) 갑1: 상당히 오래 걸리네. 얼마나 가야하나.
> 　을2: 응, 곧 도착할거야. (이때 버스가 멈추고, 앞쪽에 있던 병이 말하기를)
> 　병3: 야, 여기서 내리자.

(13) 병3은 청유문을 통해서 다른 사람들도 내릴 것을 알리는 것으로 갑과 을은 병3의 발화를 명령 화행으로 이해하고 버스에서 내리게 된다. 이 경우에 병3의 발화를 청자 '갑'과 '을'이 명령 화행으로 해석하는 단계는 (14)와 같이 된다.

(14) 청유문 (13)병3을 명령 화행으로 해석하는 단계
　　　1단계: 병3은 청유문은 통해서 나에게 무엇인가를 제안하고
　　　　　　있다.
　　　2단계: 화자인 병3의 발화는 청유문을 통해서 단순한 제안 화
　　　　　　행을 하고 있는 것이 아니다.
　　　3단계: 대화 상황에 의하면 화자와 청자인 나는 목적지에서 버
　　　　　　스가 멈추면 버스에서 내려야 한다는 것을 알고 있다.
　　　4단계: 화자는 청자인 나에게 다른 화행을 수행하고 있다. 나
　　　　　　는 대화 상황이나 일반적 지식에 의해서 병3의 발화가
　　　　　　'버스가 목적지에 도착했으므로 버스에서 내려야 한다'
　　　　　　는 것을 알리고 있다고 추론한다.
　　　5단계: 그러므로 나는 대화 상황에 의거하여 병3이 나에게 '버
　　　　　　스에서 내릴 것'을 지시하고 있다는 것(명령 화행)으로
　　　　　　이해한다.

　　(8), (12), (14)를 통해서 개별 문장이 명령 화행을 수행하는 경우의 해석 단계를 살펴보았다. 이를 통해서 (6)에서 제시한 비고정 간접 화행의 해석 단계가 거의 '진술문, 질문문, 청유문'에 적용된다는 것을 확인하였다. 그러나 비고정 간접 화행의 특성상 모든 경우에 이러한 해석 단계를 거쳐서 화자가 의도하는 화행을 이해하는 것은 아니다. (3)-(5)의 전화 통화의 경우를 예로 보면 화자가 의도한 명령 화행을 청자가 바르게 이해하지 않는 경우가 많다. 왜냐하면 (6)의 해석 단계에서 작용하는 '대화 상황'과 '일반적 지식(백과사전적 지식)'에 의하여 해당 문장의 고유 화행으로 이해할 수도 있고 명령 화행을 수행하는 것으로 이해할 수 있기 때문이다.

4.1.2 질문의 비고정 간접 화행의 해석 단계

질문문 이외에 질문 화행을 수행하는 것은 앞장에서 보았듯이 진술문뿐이다. 그러므로 여기서는 진술문이 질문 화행을 수행할 때 해석 단계에 대해서 살펴보겠다.

(15) S1: <u>그 사람 좋은지 나는 모르겠다.</u>
      H2: 나도 모르겠어.

(15)S1의 발화는 진술문을 통해 질문 화행을 수행하고 있다. 이 것은 H2의 발화가 S1의 발화에 응답하는 형식을 통해서 알 수가 있다. 곧 S1은 '나는 모르겠는데 너는 어떠니?'라는 질문 화행을 진술문을 통해서 수행하고 있는 것이다. 이와 같이 S1의 발화를 청자가 질문 화행으로 이해하는 과정을 (6)의 비고정 간접 화행의 해석 단계에 의거하여 추론하면 (16)과 같다.

(16) (15)의 진술문을 질문 화행으로 해석하는 단계
    1단계: 화자는 그 사람이 좋은지 어떤지를 모른다고 단순히 나(=청 자)에게 전달하는 진술 화행으로 이해한다.
    2단계: 화자의 발화를 진술 화행으로 이해하면 원활한 의사 소통이 어렵다는 것을 나는 이해한다.
    3단계: 대화 상황에 의거하면 화자가 그 사람에 대해 판단을 못하고 있다는 것을 나에게 단순하게 전달한 것은 아니다. 그러므로 화자의 발화는 진술 화행을 수행하는 것이 아니라 다른 언표 내적 화행을 수행하고 있는 것이다.
    4단계: 그렇다면 화자의 판단에 도움이 될 만한 나의 생각을 말해야 하므로 화자는 현재 나에게 질문 화행을 수행하고 있는 것이 다.
    5단계: 그러므로 나는 화자의 발화를 '나는 그 사람이 어떤지 모르는 데 너는 어떻게 생각하니?'라는 질문 화행으로 이해한다.

위와 같이 진술문이 질문 화행을 수행하는 경우의 해석 단계를 보았지만 이런 질문 화행 수행의 경우는 우리 주변에서 찾기가 힘 들다. 왜냐하면 진술문 가운데 질문 화행을 수행하는 것을 나타내 는 대부분의 표지(언표내적 힘 지시 장치)가 더 이상 진술문의 표 지로 인식되지 않고 질문 화행의 표지로 굳어진 것에 기인하기 때 문인 것으로 보인다.

4.1.3. 진술의 비고정 간접 화행의 해석 단계

앞장에서 보았듯이 진술 화행을 수행하는 문장 유형은 진술문 이외에 '질문문, 명령문, 청유문'이 있다. 여기서는 진술문을 제외한 각 문장들이 진술 화행으로 해석되는 과정을 살펴보겠다.

> (17) 갑1: 우리 남편은 항상 집안 일을 잘 돌봐준다.
> 을2: 그래 어떻게 하는데?
> 갑3: 응, 그 사람은 항상 나보다 일찍 일어나서 집안을 깨끗이 청소하고 내가 일어나기 전에 아침 식사를 준비해 준다. 나는 그저 가만히 있기만 하면 된다.
> 을4: 정말이니, 그러고서도 남편의 사랑을 받을 거라고 생각하니?

(17)의 대화에서 을4의 질문문을 진술 화행으로 해석하는 청자의 추론 단계는 다음과 같다. (17)의 발화를 접한 청자 '갑'은 화자 '을'이 자신에게 질문 화행을 했다고 이해할 수 있지만 대화 상황에 의하여 '그렇게 하면 남편의 사랑을 받을 수 없다'는 진술 화행으로 이해한다. 이렇게 을4의 질문문을 질문 화행이나 진술 화행으로 이해할 수 있는 것은 을4의 화행이 비고정적인 성격을 지니기 때문이다. 그러므로 '을4'를 대상으로 하였을 때 이것이 질문 화행을 수행한다면 문법 표지에 의해 드러나는 직접 화행(=문법적 화행)으로 이해된 것이고 반면에 진술 화행을 수행한다면 비고정적 성격을 지닌 간접 화행으로 이해된다. 후자의 경우 청자 '갑'이 을4를 어떻게 진술 화행으로 이해하게 되는 지를 살펴보면 (18)과 같은 해석 단계를 거치게 될 것이다.

> (18) (17) '을4'의 질문문을 진술 화행으로 해석하는 단계
> 1단계: 청자 '갑'은 화자 '을'의 발화를 문법 표지에 의하여 질문 화행으로 인식한다.
> 2단계: 화자는 나와의 대화를 계속 유지하려 하므로 화자의 발화는 단순한 질문 화행으로만 이해할 수 없고 어떤 정보를 지니고 있는 것으로 이해된다.

> 3단계: 대화 상황에 의거하면 상대방은 나의 남편에 대한 태도에와
> 관련된 어떤 정보를 전달하는 것이므로 '을4'의 발화는 질문
> 화행을 수행하는 것이 아니라 다른 언표내적 힘을 지니고 있
> 는 것이다.
> 4단계: 을은 나에게 정보를 요구하는 것이 아니고 '남편에게 그렇게
> 하면 사랑을 받기 힘들다'라는 정보를 주고 있는 것이다.
> 5단계: 그러므로 나는 '을4'의 발화를 4단계에서 제시한 명제 내용(정
> 보)을 전달하는 진술 화행으로 이해한다.

다음으로 명령문을 통한 진술 화행의 해석에 대해 살펴보겠다.

(19) <u>한번만 더 와봐라</u>. 가만 안 둔다.

(19)의 명령문을 진술 화행으로 해석하는 청자의 추론(해석) 단계는 다음과 같다. 청자는 먼저 (19)를 명령 화행으로 인식하게 되지만 후행구 '가만 안 둔다'에 의해 (19)가 지니고 있는 '한번 더 올 것'이라는 명제 내용만으로는 의사 소통이 불충분하다는 것을 인식하게 된다. 그러므로 청자는 (19)의 발화를 대화 상황이나 문맥에 의거하여 명령 화행이 아닌 의사 소통이 가능하도록 해주는 다른 화행으로 재해석하게 된다. 재해석을 위해서 청자는 (19)의 명제 내용을 '오면 안 된다'라는 것으로 파악하고 이러한 명제를 화자가 전달하려는 것이므로 화자가 명령문을 통해서 청자 자신에게 경고의 진술 화행을 수행하는 것으로 이해하게 된다.

다음으로 청유문을 통한 진술 화행의 해석에 대해 살펴보겠다.

(20) 병수: 종길아! 다른 친구들은 실직한 철수를 돕기 위해 생활비를
　　　　　모으고 있단다.
　　　종길: 그럼 우리도 이러고 있으면 안되지. <u>우리도 무언가 해보자</u>.

(20)에서 종길의 발화 가운데 밑줄 친 청유문 '우리도 무언가 해보자'를 진술 화행으로 해석하는 청자의 추론 단계는 다음과 같다.

청자는 먼저 밑줄 친 종길의 발화를 청유 화행으로 인식하지만 청유 화행만으로는 의사 소통의 불충분을 인식하게 된다. 따라서 청자는 충분한 의사 소통을 위하여 밑줄 친 발화를 재해석하기 위하여 대화 상황이나 문맥을 중심으로 재해석에 필요한 정보를 수집하여 '우리도 철수를 돕기 위해 무언가 해야 한다'는 명제 내용을 추론한다. 이러한 단계를 거쳐서 청자는 최종적으로 화자가 자신에게 청유문을 통해서 진술 화행을 수행하는 것으로 이해하게 된다.

4.1.4 청유의 비고정 간접 화행의 해석 단계

청유 화행을 수행하는 문장 유형은 청유문 이외에 '질문문, 명령문, 진술문'이 있다. 여기서는 청유문을 제외한 각 문장들이 청유 화행으로 해석되는 과정을 살펴보겠다.

다음의 (21)은 청자에 따라서 질문 화행으로 인식될 수 있고 청유 화행으로 인식될 수 있다. 청자의 반응 발화가 '좋지요'라면 (21)은 질문 화행으로 이해된 것이고 '도와주지요' 또는 '어떻게요?' 따위의 반응 발화면 '도와주자'란 청유 화행으로 이해된 것이다. 이때 후자의 청유 화행으로 해석되는 과정은 다음과 같게 된다.

(21) 종길아! <u>철수가 직장에 나갈 수 있도록 도와주는 게 어때?</u>

먼저 청자는 (21)을 질문 표지에 의해 질문 화행으로 인식하게 된다. 그런데 질문이 담고 있는 명제 내용 '철수를 도와주다'만으로는 의사 소통이 불충분함을 대화 협력의 원리에 의해 인식하게 된다. 따라서 청자는 충분한 의사 소통을 위해서 대화 상황과 철수를 중심으로 하는 상황 정보 및 맥락을 고려하여 (21)을 '철수를 도와주자'라는 청유 화행으로 재해석하게 된다.

다음으로 명령문이 청유 화행을 수행할 때 청자의 해석 과정을 살펴보겠다. 청유 화행은 명령 화행도 함께 수행하기 때문에 명령문으로 청유 화행을 수행하는 것을 청자가 이해한다는 것은 다른 화행을 이해하는 것보다 더 어렵고 힘들다. 그래서 일반적으로 (22)와 같은 형태의 명령문을 통해 청유 화행을 수행하게 된다.

　　(22) 내가 할테니 너도 해라.

(22)를 접한 청자는 직접적으로 명령 화행을 인식하지만 (22)가 양의 격률을 위배하기 때문에 단순한 직접 화행이 아니라는 것을 인식하게 된다. 그래서 청자는 충분한 의사 소통을 위해서 '양의 격률'을 위배한 화자의 '내가 할테니'라는 발화의 의도를 대화 상황에 의거하여 청자 혼자만 할 것을 명령한 것이 아니라 화자도 청자 자신과 동일한 행위를 한다는 것을 이해한다. 그 결과 일반적인 명령 화행과는 달리 화자도 함께 하는 명령임을 추론하게 되어 (22)는 청유 화행을 수행하는 것으로 이해하게 된다.

　　다음으로 진술문이 청유 화행을 수행할 때 청자의 해석 과정을 살펴보겠다. 어떤 사람이 친구들과 함께 지하철을 타고 가다 같이 내려야할 지점에서 친구들을 보고 (23)과 같이 발화하면서 내릴 때의 상황이다.

　　(23) 여기서 내린다.

청자는 (23)에서 진술 화행을 인식하지만 이것이 의사 소통에 충분하지 않음을 대화 협력의 원리에 의해서 인식하게 된다. 따라서 청자는 (23)을 이해하기 위하여 대화 상황에 의거한 상황 정보나 맥락 정보를 수집하여 재해석하게 된다. 여기서의 상황 정보나 맥락 정보는 모든 대화 참여자가 공유하고 있는 것으로서 어떤 지점에 도착하면 함께 내려야 한다는 것이다. 결국 (23)에 대한 청자의 재해석 명제 내용은 '모두 함께 내리다'이며 화자도 함께 '내리는 행동'을 하기 때문에 청자는 (23)을 청유 화행으로 이해하게 된다.

이상과 같이 비고정 간접 화행의 해석은 (6)에서 제시한 해석 단계를 모두 거치며 가장 중요한 단계는 어떤 발화를 직접 화행으로 먼저 인식하여 이것이 의사 소통에 불충분한 화행을 수행한다는 것을 인식하는 것이다. 이것은 다음 절에서 보게 될 '고정 간접 화행의 해석'과 가장 뚜렷하게 나타나는 차이점이다. 다음으로 '고정 간접 화행'의 해석 과정에 대해 살펴보겠다.

4.2. 고정 간접 화행 표현의 해석

고정적인 간접 화행 형식은 원래의 직접 화행을 거의 실행하지 않고 언중의 의식에서 사라져 있다. 곧 각각의 문장 유형이 지니는 문법적 화행인 직접 화행이 언중들에게 거의 인식되지 않고 간접 화행의 기능만이 인정되고 있는 것이다. 그 특징은 비고정 간접 화행에 비해서 즉각적으로 간접 화행을 수행하는 발화에 대한 해석이 주어진다는 것이다.

(24)를 질문이라고 의식하는 경우는 아주 특정한 상황에서만 가능하고 대부분의 경우에는 요청이나 명령으로 이해된다. 그러면 (24)가 지니는 질문은 진정으로 완전히 사라진 것인지 아니면 추론 과정을 거쳐서 이루어지는 것인지를 살펴보아야 한다.

(24) 문을 닫아 주겠니?

(24)는 담화 현장에서 비고정 간접 화행의 경우처럼 다단계의 추론이 발생한다고 보지는 않는다. 이미 대화 상황에 의한 추론 과정이 공시적으로 혹은 통시적으로 여러 번 반복되어서 굳어져 버린 경우에 해당되므로 비고정 간접 화행의 해석 단계에서는 화행의 추론 부분은 생략이 된다. 곧 비고정 간접 화행의 해석 단계에

서 화자의 발화가 지니는 화행을 대화 상황이나 적정 조건에 의한 추론을 거치지 않는 것이다.

그러므로 고정 간접 화행의 해석 단계는 4.1.에서의 비고정 간접 화행의 해석 단계와 비교했을 때 추론 단계를 거치지 않는 특징이 있다. 이러한 고정 간접 화행의 해석 단계는 (25)처럼 볼 수 있다.

> (25) 고정 간접 화행의 해석 단계
> 　　1단계: 직접 화행 인식 없이 간접 화행 해석
> 　　2단계: 충분한 의사 소통을 위한 재해석(대화 상황에 의거하여 상황
> 　　　　　 정보 수집)
> 　　3단계: 화자의 심층을 이해한다.

일반적으로 고정 간접 화행의 발화는 청자에게 화자의 의도를 문말 표지에 의존하지 않고 전달하지만 청자의 고정적 표현에 대한 지식이 부족할 경우에는 화자의 의도가 그대로 청자에게 이해되지 못할 수도 있다. 그럴 때는 청자의 반응 발화에 따라 화자의 의도를 정확하게 전달하기도 하지만 그것은 특수한 경우에 해당되므로 본 연구에서는 제외된다.

4.2.1. 명령의 고정 간접 화행의 해석 단계

(25)에서 제시한 고정 간접 화행의 해석 단계를 중심으로 (26)의 명령 화행의 해석 단계를 구체적으로 보겠다.

> (26) 문 좀 닫아주겠니?

(26)은 질문문을 통한 간접 명령 화행을 수행하고 있는데 이러한 발화에 접한 청자는 질문에 대한 응답 대신에 '문을 닫는 행위'를 즉각

적으로 행하게 된다. (25)의 해석 단계에 의거하여 (26)의 발화가 어떠한 단계를 거쳐서 질문문을 명령 화행으로 이해하는지는 (27)과 같다.

(27) (26)의 질문 화행을 간접 명령 화행으로 해석하는 단계
　　1단계: 청자는 화자의 발화가 지니는 언표내적 화행이 질문이 아니고 명령임을 인식한다.
　　2단계: 대화 상황에 의거하면 문이 열려 있고 바람이 들어오거나 다른 사람이 안의 상황을 볼 수가 있다.
　　3단계: 화자는 그런 상황을 원하지 않으므로 청자는 화자가 문을 닫아주기를 청자에게 명령(요청)하고 있다고 이해한다.

마찬가지로 (28)㉠-㉢은 화자가 청자에게 문을 닫으라는 명령이나 요청의 기능을 수행하는 문장들이다. 이러한 발화에 접한 청자는 거의 확인 과정 없이 화자의 발화가 수행하는 화행이 문을 닫으라는 명령(요청) 화행임을 이해하게 된다.

(28) ㉠ 문 좀 닫자.
　　 ㉡ 문 닫고 살면 어디 덧나냐?
　　 ㉢ 문 안 닫고 뭐해?

화자는 문을 닫는 행위를 수행할 것을 청자에게 알리기 위하여 (28)㉠-㉢과 같이 청유문이나 질문문을 통해서 '문을 닫으라'는 명령을 할 수 있으며 청자는 이에 대해서 확인 또는 재확인의 과정 없이 즉각적으로 '문을 닫는 행위'를 수행한다.

(29) (상황) 회사원인 철수가 들어오면서 문 닫는 것을 잊고 들어온다.
　　과장(S1): <u>누구 꼬리(가 이렇게) 길어?</u>
　　철수(H1): 죄송합니다. 제가 그만 깜빡 잊고 들어왔네요. (그러면서 문을 닫는다.)

(29)의 대화에서 S1은 문이 열려 있으므로 문을 닫으라는 의미를 지니게 된다. 곧 질문을 사용하여 실제로는 명령을 하고 있으며 철수(청자)는 S1을 추론 단계 없이 명령으로 인식하고 질문에 대한 응답을 '문을 닫는 행위'로써 대신하게 된다.

   (30) ㉠ 무슨 말을 그렇게 하십니까?
       ㉡ 계속 그렇게 말할 거니?

(30)㉠은 질문문을 사용하였지만 이러한 발화를 접한 청자는 화자가 자신에게 질문을 한 것으로 이해하지 않고 '그렇게 말하지 마라'는 간접 명령이나 '그렇게 말하면 안 된다'라는 간접 진술(경고)임을 즉각적으로 이해한다. (30)㉡의 경우도 '그렇게 말하지 마라'는 간접 명령을 수행한다.

   (31) 너구리 잡니? → 담배 꺼라.
   (32) 앗, 너구리↗

(31)은 '너구리'가 지니는 어휘적인 측면의 고정성과 문장이 지니는 공시적 관용성 때문에 '담배를 꺼달라'는 질문문을 통한 명령의 간접 화행을 수행한다. 심지어는 (32)처럼 특정 어휘만을 사용하여서도 (31)과 같은 명령 화행을 수행할 수 있다.

   (33) 네가 내 대신 물어보았으면 좋겠다.

(33)은 진술문이지만 '-면 좋겠다'와 같은 복문 구조는 진술문이지만 항상 명령을 나타내므로 고정적으로 사용된 것으로 볼 수 있다.
   (34)㉠은 상황에 따라서 화자가 전달하는 내용은 다르지만 진술문을 통한 간접 화행을 수행하는 데는 변함이 없다.

   (34) ㉠ 손님 가신다.

    ⓛ 주인: 어서 오십시오. 두 분이십니까?
       손님: 네. 식사되지요?
       주인: 네. 저쪽으로 가십시오. (종업원을 보며) 여기 <u>손님 가신</u>
       <u>다</u>.

    ⓒ 거래처 직원: 제 얘기 좀 더 들어 보세요. 그날 있었던 일은 진
          심으로 사과 드립니다. 다시는 그런 일이 없을 겁니다.
       과장: 아니, 이 사람이 아직도 안 갔네. 지금 바쁘단 말이요.
          (다른 직원을 보며) 여기 <u>손님 가신다</u>.
       거래처 직원: 아니, 가라니요. 한 번만 기회를 주십시오.

(34)ⓛ은 식당에 들어 온 손님과의 대화 상황인데 여기서의 '손님 가신다'는 청자인 손님에게는 '저 쪽으로 가도 된다'는 허락의 화행이나 '저 쪽으로 가라'는 명령의 화행을 수행하면서 동시에 제 3자인 종업원에게는 '손님을 맞을 준비를 하라'는 명령의 간접 화행을 수행하는 경우이다. (34)ⓒ은 회사에서 있을 법한 대화 상황으로서 거래처 직원과 거래를 하고 있는 회사의 과장 사이에 진행되는 대화의 일부분이다. 여기서 과장의 '손님 가신다'는 상대방 거래처 직원에게는 '나가라'는 간접 명령을 수행하고 동시에 제 3자에게는 '문 열었다 닫아라'의 의미로 간접 명령을 수행하는 경우로써 (34)㉠은 ⓛ이나 ⓒ같은 상황에서는 진술 화행을 수행하지 않고 거의 고정적으로 간접 명령을 수행하는 것으로 상대방 이외의 제 3자에게도 간접 화행을 수행한다.

4.2.2. 청유의 고정 간접 화행의 해석 단계

질문문을 통하여 고정적으로 청유 화행을 수행하는 형식에는 (35)처럼 '-하는 게 어때'의 형식이 있다. 이런 경우 '-하는 게 어때'는 어떠한 상황에서라도 질문 화행을 수행하지 않고 '-하자'의 의미를 지닌 청유 화행을 수행한다.

(35) ㉠ 종길아! 철수가 직장에 나갈 수 있도록 도와주는 게 어때?
　　　㉡ 우리도 먹는 게 어때?
　　　㉢ 그들을 이해시켜 보는 게 어때?

(35)에서 ㉠은 청자에게 '철수를 도와주자'라는 청유 화행을 수행하고 ㉡은 '먹자'라는 청유 화행을 수행하고 ㉢은 '이해시켜 보자'라는 청유 화행을 수행한다.

　여기서는 음식이 놓여 있는 상황의 (35)㉡에 대한 해석 과정을 살펴보겠다.

(36) 1단계: '-게 어때'를 질문 화행이 아닌 청유(제안) 화행으로 인식
　　 2단계: 청자는 충분한 의사 소통을 위해 '음식이 놓여 있는 상황'
　　　　　과 화자도 포함하는 '-도'같은 모든 가능한 정보를 수집하
　　　　　여 재해석한다.
　　 3단계: 청자는 화자의 발화가 자신과 음식을 함께 먹자라는 것으
　　　　　로 이해한다.

　이와 같이 고정적 간접 화행은 명령과 진술의 간접 화행이 많이 나타나며 해당 발화가 고정적인가 아닌가는 청자의 언어 행위를 통해서 알 수 있다. 곧 직접 화행의 명제 내용인 언어 구조를 바탕으로 다른 전달 의미를 지닌 화자의 발화에 대해 청자는 화자의 발화 의도를 즉각적으로 이해하고 응답 또는 행위를 수반하게 된다. 이들의 특징은 고정 함축적이고 관용적인 경우가 많고 상황 비의존적이다. 공시적으로 모든 사람들이 공유하고 있는 표현(고정성을 지닌 관용 표현, 연어적 고정적 표현)이나 통시적으로 고정된 의미를 지닌 어휘가 사용되는 발화는 각 문장이 지니는 고유의 화행을 추론함이 없이 발화 상황과 동시에 다른 화행으로서 청자에게 이해된다.

　이상과 같이 고정적 간접 화행과 비고정적 간접 화행에 관한 해석 단계의 차이는 청자가 접한 발화의 문장 유형이 지니는 화행을 대화 상황에 의존하여 추론하느냐 안 하느냐이다. 대화 상황에 의존함이

없이 화행을 추론하는 단계는 고정적 간접 화행의 해석 단계이고, 발
화의 문장 유형이 지니는 고유 화행을 추론한 후에 대화 상황에 의존
하여 다른 화행을 재추론하는 단계는 비고정적 간접 화행의 해석 단
계에 해당한다. 그러므로 이영래(1992)가 제시한 해석 모형은 다음
과 같이 수정되어야 할 것이다.

(37) 비고정 간접 화행과 고정 간접 화행의 해석 과정

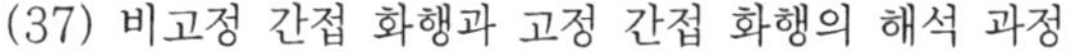
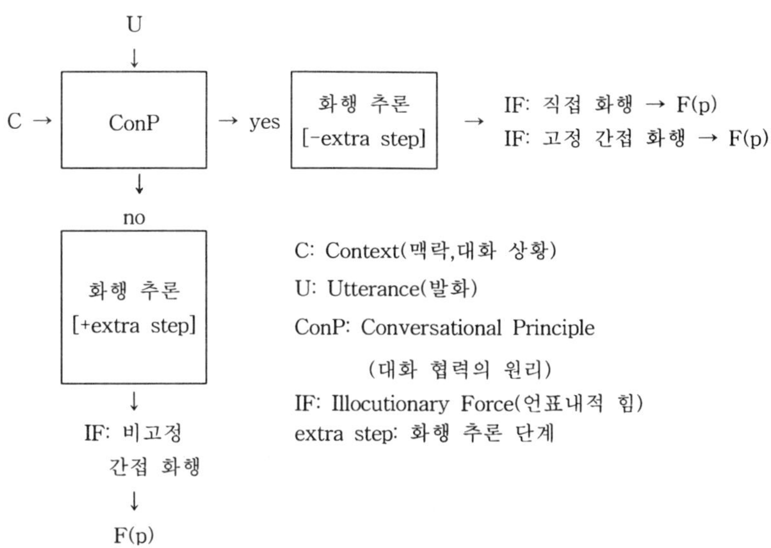

제5장 간접 화행의 기능

직접적으로 화행을 수행하는 언어 표현이 있는데도 우리는 화행을 간접적으로 수행한다. 우리가 간접 화행을 수행하는 것은 상대방의 부담을 완화시켜 주기도 하고 말하기 힘든 사실에 대한 완곡한 전달을 하는 등 직접 화행을 수행하는 것으로 달성하기 어려운 일을 행할 수 있기 때문이다. 곧, 간접 화행의 수행은 화자가 목표로 하는 화행을 간접적으로 수행하는 것 이외에 의사 소통 과정에서 일의 진행 및 지시나 인간 관계 형성 등에 긍정적인 기여를 하기 때문이다.

　간접 화행의 기능과 관련하여 좀더 생각해 보아야 할 것은 간접 화행은 긍정적인 기능만을 지니는가 하는 것이다. 일상 생활에는 간접 화행보다도 직접 화행이 더 많이 수행되며,　직접 화행을 수행해야 할 상황에서 간접 화행을 수행함으로써 발생하는 의사 소통 상의 문제점도 있다. 따라서 간접 화행의 기능에 대한 설명은 긍정적인 면과 동시에 부정적인 면에서도 이루어져야 한다.

5.1. 긍정적 기능

간접 화행의 긍정적 기능에 대해서는 이미 여러 논의에서 이루어졌다. 정재은(1994)에서 제시된 다음과 같은 기능들은 앞선 논의들에 나타난 간접 화행의 기능을 종합적으로 보여 주고 있다.[71]

① 대화의 창조적 분위기 조성
② 사교성 증진
③ 원활한 의사 소통
④ 말하기 곤란한 인간적 갈등의 해소
⑤ 사회적 거리(지위, 성별, 친밀도, 나이 따위)와 부담의 크기 완화
⑥ 직접적으로 표현하기 힘든 복잡하고 추상적 개념 및 격렬한 감정의
   표현

위와 같은 기능은 모두 간접 화행이 지닐 수 있는 기능이다. 그러나 간접 화행이 지니는 보다 추상적인 기능이 상황에 따라 여러 형태로 나타난 것으로 간접 화행의 긍정적인 기능은 보다 단순한 형태로 요약해 볼 수 있다고 본다.

간접 화행은 대화 상대방과의 일이나 의사 소통을 원활히 수행하기 위하여 직접 화행을 수행하기 어려운 상황이나 대상에 대하여 사용되는 것으로, 상대방의 화행이나 그 밖의 행위 및 일에 대한 부담을 완화시켜 주는 기능과 상대방과의 정서적인 갈등을 최소화하는 기능이 가장 본질적인 것이라고 본다. 이러한 기능이 정재은(1994)에 제시된 바와 같은 여러 가지 결과를 가져온다고 본다. 이러한 관점에서 간접 화행이 지닌 긍정적인 측면을 정리하여 보기로 한다.

---

71) 정재은(1994)에서 제시된 간접 화행의 기능은 자세한 설명은 없지만 필자가 보기에는 긍정적 기능에 대한 것이다.

5.1.1. 일이나 의사 소통 행위에 대한 부담 완화

부담을 줄이는 기능은 행동 요구를 간접적으로 수행하는 데서 분명히 드러난다. (1)㉠-㉣은 문을 닫을 것을 요구하는 화자의 전달 의도를 완곡하게 표현하고 있다. 이때 화자는 직접적으로 문을 닫으라고 하기보다는 문을 닫는 주변 상황을 제시하되 그 상황에 대한 판단을 청자에게 맡긴다.

> (1) ㉠ 춥지 않아요?
>   ㉡ 춥지 않으세요?
>   ㉢ 춥지 않니?
>   ㉣ 좀 춥지(요)?

(1)㉠-㉢은 문이 열려 있는 상황에서의 발화일 경우에는, 방 안의 온도에 대한 청자의 판단을 통해 청자 스스로 문을 닫아야 할 것을 결정하게 한다. 단지 (1)㉠-㉢이 사용되는 상황은 화자와 청자의 상하 관계, 친밀도, 사회적 위치같은 사회적 요소에 결정되며, 이 결정된 상황에 따라서 대우 표현이라는 언어적 사용의 다름이 나타난다. (1)㉣은 '공손'의 의미를 지니며 청자의 부담을 줄여주는 기능을 하는 '좀'에 의한 간접 화행의 구현이며[72] 화자와 청자 사이의 사회적 거리나 청자의 부담의 크기를 완화하여 긍정적 기능이 드러나는 표현이다.

  화자가 청자 스스로 생각하여 행동에 대한 의지를 결정하게 하는 것은 의사 소통을 자율적이고 창조적인 과정이 되게 하며, 요구하는 행동에 대해서도 부담을 덜 느끼거나 느끼지 않게 되며, 그 결과 의

---

72) '좀'에 대해서는 손세모돌(1988)에서 표현 형식과 구문에서의 분포 상황 등에 따른 상황적 의미를 '공손, 강조, 부정'으로 나누어 논하고 있다. 본 연구에서는 '좀'의 1차적 의미를 '공손'으로 파악하였다. 위 예문 (1)㉣에 사용된 '좀'은 '공손'에 의해 긍정적 기능이 드러났지만 '좀'이 사용되었다고 반드시 긍정적 기능만을 드러내는 것은 아니다. 예를 들면 상대방이 매우 친근한 사람인 경우에 간접 화행을 사용하면 어색하며 여기에 '좀'이 사용되었다고 긍정적 기능이 나타나는 것은 아니다.

사 소통을 원활하게 하고 감정의 갈등이나 대립도 일으키지 않게 된다.
  또한 사회적 지위의 차이, 사회적 거리감의 정도(=친밀감)에 의
해서 화자가 어떤 행동을 요구할 수 없는 상대방에 대해서도 간접 화
행을 수행함으로써 의사 전달을 할 수가 있다.73)

  (2) ㉠ 문 좀 닫아 주시겠어요?
    ㉡ 바람이 너무 세게 부네.
    ㉢ 연기가 많이 들어오네..

일반적으로 윗사람에게 '문을 닫으라'는 지시를 직접적으로 하기는 힘
든 것이 우리의 실정이다. 그런데 우리는 상대방이 지위, 성별, 나이
등에서 문을 닫으라는 명령을 내릴 수 없는 대상일지라도, 우리 스스
로 문을 닫을 수 없는 상황에 처해 있다면 우리는 명령 또는 지시 화
행을 하게 된다. 이때 (2)와 같은 간접 화행을 수행하는 표현을 통하
여 우리의 목적을 달성할 수 있다. 즉 사회적 지위, 나이 등에 따른
거리감을 좁히기 위하여 간접 화행을 사용한다. 이것을 간접 화행이
지닌 '부담 완화의 기능'이라 볼 수 있다.

5.1.2. 정신적 대립이나 의견의 대립 완화

일이나 화행 수행의 관점에서 부담을 완화할 뿐 아니라 정서적 인지
적 관점에서 대립을 완화하는 기능을 수행한다. 다음의 대화에서 순
이와 영이는 남편에게 아침밥을 차려주어야 하는가 그렇지 않은가에
대해 의견이 대립되고 있다.

  (3) 순이: 나는 아침에 밥을 차려 줄 수 없어.
    영이: ㉠ 그러고도 남편에게 네 주장을 할 수 있니?
      ㉡ 그러면 넌 남편에게 네 주장을 할 수 없어.

---

73) 다른 한편으로 이러한 점은 화자의 청자에 대한 사회적 거리감을 솔직하
  게 인정함으로써 양해를 구하는 측면도 있을 것이다.

아침 식사 준비에 대한 의견 차이를 영이가 다른 주제와 관련짓고 있는데, 이때 직접적으로 ⓒ과 같이 주장한다면 순이와 영이의 대립은 의견 대립에서 나아가 감정 대립으로까지 발전할 것이다. 그러나 ⑦과 같이 질문을 통하여 주장을 하는 간접 화행의 형식을 취한다면 이러한 대립은 훨씬 약화될 수 있다.

5.2. 부정적 기능

간접 화행은 그것이 수행되는 상황에 따라 상대방에게 부담을 강화하는 경우와 심리적인 대립이나 갈등을 야기하는 경우가 있다. 간접 화행이 지니는 이러한 부정적 측면은 직접 화행을 수행해야 하는 상황에 사용되었을 때를 관찰하면 쉽게 알 수 있는데, 부담을 주어도 되는 대상에게 부담을 줄이는 간접 화행을 사용한다면 상대방은 부담을 줄여 주는 데서 만족하기보다는 오히려 두 사람의 친분 관계에 거리감이 존재하는 것을 인식하게 되며, 정서적으로 허심탄회하게 이야기를 나눌 수 있는 사람에게 정서적인 대립을 줄이려는 듯 간접 화행을 수행하면 조롱이나 비웃는 듯한 태도를 인식할 수도 있다. 뿐만 아니라 간접 화행은 상대방이 정확하게 화자의 의도 파악을 하지 못하는 경우 정보 전달에 문제가 발생하게 된다. 간접 화행이 지니는 부정적인 측면은 크게 심리적 거리감의 형성과, 부정적 정서 야기의 기능, 불명확한 의사 소통 따위로 나누어 설명해 볼 수 있다.

5.2.1. 심리적 거리감의 형성

직접 화행을 사용해도 좋은 사람에게 간접 화행을 사용하는 경우, 상대방에게 심리적 거리감을 느끼게 한다.

(4) 철수: ⑦ 학교에 갔다 오면서 이 책 좀 사와.

ⓛ 학교에 갔다 오면서 이 책 좀 사 올 수 있니?

매우 친한 친구 사이라면 (4)ⓐ같은 명령의 직접 화행을 수행하는 것이 일반적이다. 그러나 (4)ⓛ과 같은 질문문을 통한 명령의 간접 화행을 사용하면 친구 사이에 거리감이 형성될 수 있다. 이러한 거리감을 화자인 철수가 의도한 것이 아니라면 좋은 의사 소통으로는 볼 수 없다.74)

5.2.2. 부정적 정서의 야기

간접 화행을 수행하는 표현이 과장되거나 어휘적으로 부정적인 정서에 대한 연상을 일으킨다든지 하는 경우 상대방을 불쾌하게 짜증나게 할 수 있다. (5)ⓐ-ⓔ은 '문 닫을 것'을 명령 또는 요청하는 간접 화행의 예이다. 이들 표현의 공통적인 점은 청자에게 부정적인 정서를 야기한다는 것이다.

> (5) ⓐ 문 닫고 살면 어디 덧나냐?
>   ⓛ 문 닫고 살자.
>   ⓒ 문 안 닫고 뭐해?
>   ⓔ 문 열지 않고 뭐해?

(5)에서 ⓐ-ⓛ은 문닫으라는 지시를 간접적으로 수행하고 있으나 표현이 너무 과장되어 있고, ⓒ-ⓔ은 화자가 청자에게 문 닫는 행위를 급하게 재촉함으로써 상대방의 의지를 무시하게 되며, 화나게 한다. (5)ⓐ-ⓔ과 같은 발화는 사교성을 증진하는 것과는 거리가 있는 발화이며 상대방의 판단에 의존한다든가 하는 상대방을 배려하는 의도가 전혀 없는 화행으로서 부정적 기능이 드러나고 있다.

 (6)ⓐ-ⓛ은 문이 열려 있음을 빗대어서 '꼬리'라는 어휘가 지닌 부

---

74) 반대로 지위가 높은 사람이 낮은 사람에게 하는 경우는 (4)ⓐ같은 명령
  의 직접 화행이 일반적이 될 것이다.

정적인 연상 의미가 상황 발생과 동시에 발화됨으로써 부정적 기능이
드러난다.

> (6) ㉠ 꼬리가 왜 이렇게 길어?
> ㉡ 누구 꼬리야.

(7)㉠-㉢은 '너구리, 본드, 손님 가신다' 따위의 어휘가 지니는 부
정적 연상 의미가 화행의 부정적 기능을 드러내는데 절대적으로 영향
을 미치지는 않지만 발화 상황과 연관되어 부정적 정서를 일으킨다.

> (7) ㉠ 너구리 잡니?
> ㉡ 문에 본드칠 했니?
> ㉢ 손님 가신다.

(7)㉠은 방에 (담배) 연기가 자욱할 때는 항상 '담배를 끄라'는 고정
적 간접 명령의 질문문으로 '너구리'란 어휘가 지니는 연상 의미가 '담
배 피는 상황'을 과도하게 표현함으로써 부정적 기능이 드러난다. (7)
㉡은 문을 닫거나 열라는 간접 명령의 질문문으로 '본드(칠)'이 지니
는 연상 의미가 상대방을 불쾌하게 만들 수 있다. (7)㉢은 화자를 방
문한 상대방과의 대화나 같이 있는 것을 거부하기 위하여 '이제 그만
가라'고 명령하는 것이다. 이것은 진술문을 통한 명령 화행이지만 대
화에 속해 있지 않은 다른 사람에게 말하는 방식을 통해 상대방에게
직접적으로 '가라'고 하는 것보다도 더 강한 명령을 하고 있다. 이렇게
함으로써 화자는 상대방과의 대화를 계속 유지하려는 의지가 없다는
것을 전달하고 있다.
　(8)의 예문은 문을 열고 들어 왔을 경우에는 문을 닫으라는 명령
화행과 함께 청자에게 경고의 진술 화행을 간접적으로 드러내는 경우
에 해당된다.

(8) ㉠ 꼬리 좀 잘라라.
    ㉡ 문 좀 닫아라.
    ㉢ 문 좀 닫고 살자.

(8)㉠-㉢은 언뜻 보면 아주 낮춤의 명령문에 '좀'이 지니는 '공손성'이 문장 전체에 완곡의 기능을 부여하게 되어 화자의 청자에 대한 부정적 정서를 감소시키는 것처럼 보이지만 실제로는 청자에게 화자의 의도를 직접적으로 드러냄으로써 청자의 문을 닫는 미래 행위를 강하게 요청하여 청자에게 문 닫는 행위에 대한 부담을 강하게 주어 부정적 기능이 드러난다. 곧 '좀'이 지니는 기본 의미인 '공손'의 의미가 '부정'의 의미로 바뀌게 된다.

(9)는 질문문을 통한 명령 화행 수행의 경우로써 상대방이 발생시킨 상황을 직접적으로 지시하는 어휘 '바람, 고장' 따위를 사용하여 간접 화행의 부정적 기능이 드러난다.

(9) ㉠ 문에 바람났니?
    ㉡ (문이 열려 있거나 닫혀 있을 경우) 문 고장났니?

(9)㉠은 '바람'이라는 어휘가 지니는 부정적 요소가 '문이 열려 있거나 닫혀 있는 상황'과 연관된 상황에서 '문'에 '바람'이 날 수가 없음에도 '문에 바람났는가'에 대해 질문함으로써 부정적 정서가 청자에게 전달된다. (9)㉡은 어휘를 사용한 부정적 정서 전달이 아닌 문장을 통한 부정적 정서 전달의 예에 해당된다.

5.2.3. 불명확한 의사 소통

대화의 상황이 간접 화행을 충분히 신속히 이해할 수 있게 하지 못하면 간접 화행은 직접 화행으로 해석되어 버린다. 따라서 흔히 화자는 간접 화행을 수행했는데 그것을 듣는 사람은 직접 화행으로 해석하는 데 그치고 마는 경우가 있다.

(10) 철수: (문이 열려 있을 경우) 누가 이렇게 문 열고 다녀?
    영이: ㉠ 알았어요. 문 닫을께요.
        ㉡ 순이가 문 열었어요.

(10)에서 철수의 발화에 대해 영이의 발화는 ㉠과 ㉡의 두 가지가 가능하다. 영이 ㉠의 경우는 철수의 발화를 문을 닫으라는 간접 화행으로 이해하고 있고 영이 ㉡은 철수의 발화를 직접 화행으로 이해하고 있다.

이와 같이 간접 화행을 의도한 표현들은 화자가 목표한 의사 소통을 달성하지 못하는 경우가 있다. 이것은 간접 화행이 지니는 부정적인 기능인 동시에 의사 소통상의 문제점이다. 특히 정보 전달에 조금의 문제도 발생해서도 안 되는 경우, 예를 들면, 군대나 재판처럼 명확한 지시 내용을 전달하는 상황에서의 발화는 간접 화행의 사용을 하지 않는다.

이상과 같이 간접 화행이 지니는 긍정적 기능과 부정적 기능에 대해 살펴보았다. 일상적으로 화자와 청자는 간접 화행이 지니는 긍정적인 기능과 부정적 기능을 효과적으로 사용하여 발화를 생산하고 해석하는 것으로 보인다. 특히 화자는 자신의 청자에 대한 심리 상태를 효율적으로 나타내기 위하여 간접 화행을 사용하는 것으로 보이며 이러한 점은 Leech(1983)의 공손의 원리에서 보이는 하위 격률을 통해서 확인 가능하다[75].

---

[75] 하위 격률에 의한 화자의 간접 화행 사용의 심리적 태도는 다음과 같이 볼 수 있다.
    ㉠ 화자는 자신의 감정을 효과적으로 나타내려 한다(대화 요령의 격률).
    ㉡ 자신을 낮추고 상대방을 상대적으로 높여서 상황을 자신이 의도하는 방향으로 이끌려는 화자의 심적 태도의 반영이다(겸손의 격률과 칭찬의 격률).
    ㉢ 화자는 상대방과의 부정적 혹은 긍정적 관계 개선을 노력한다(공감의 격률).
    ㉣ 화자는 화자가 알고자 하는 내용에 대한 더많은 정보를 상대방으로

　　부터 얻어서 자연스러운 대화를 유도하려 한다(관용의 격률).
　ⓜ 자신의 전달 내용을 더욱 효과적으로 강조하려 한다(동의의 격률).
　ⓗ 화자는 자신의 요구나 주장을 상대방이 거부하는 것을 방지하려 한
　　다(공감의 격률).
Leech(1983)에서 제시한 위의 격률도 간접 화행의 측면에서는 긍정적
기능을 나타낸다.

제6장 결 론

지금까지 국어의 간접 화행에 나타나는 여러 모습을 다양한 방법으로 살펴보았다. 현재까지 논의된 국내의 간접 화행의 연구는 이론 소개의 관점과 국어에 단편적으로 적용된 것들인 데 비하여 이 글에서는 국어 간접 화행의 전반에 대해 서술하고자 하였다. 지금까지 각 장별로 논의한 내용을 요약 정리하면 다음과 같다.

2장에서는 언어 행위를 Austin(1962)과 Searle(1969)을 좇아서 '언표 행위, 언표내적 행위, 언향적 행위'로 구분하였고 언표내적 행위를 문법적 표지에 의해 수행되는 기본 화행과 이들 기본 화행이 확대되어 나타나는 해석적 화행으로 세부적으로 나누어 보고 이러한 분류를 통해서 직접 화행과 간접 화행에 대한 기존의 모호한 정의를 구체화하였다.

  1) 언어 행위
    ㉠ 언표 행위(Locutionary Act): 일정한 의의와 지시를 가진 문장의
        발화로서 단순히 습관적으로 소리를 내어 말하는 것까지도
        포함한다.

  ⓛ 언표내적 행위(Illocutionary Act): 언표 행위의 속성을 지니면서
   더불어 의의와 지시를 지닌 말을 하는 데에 어떤 내용을 전
   달하거나 알게 하는 작용까지도 포함한다.
  ⓒ 언향적 행위(Perlocutionary Act): 청자의 입장에서 접근 가능하
   며 상대방의 감정 변화를 포함하는 언어 행위를 말한다. 언
   향적 행위는 언표내적 행위와 동시에 일어나는 경우가 많으
   므로 언표내적 행위와 구분하기가 힘들다.

2) 언표내적 행위의 분류

문법적 화행	해석적 화행	문법 표지	비고
진술 화행	가정 화행, 강조 화행, 경고 화행, 귀속 화행, 기술 화행, 단언 화행, 동의 화행, 묵살 화행, 반대 화행, 보고 화행, 비난 화행, 제보 화행, 주장 화행, 찬동 화행, 추정 화행, 취소 화행, 항의 화행, 진술 화행, 호응 화행	(는/ㄴ)다 (는/ㄴ)구나 지, 요↘	
명령 화행	금지 화행, 자문 화행, 명령 화행, 요구 화행, 요청 화행, 지시 화행, 충고 화행, 허가 화행	어라 어 주어라 려무나	
청유 화행	간청 화행, 약속 화행, 제안 화행, 제의 화행, 권유 화행	자	
질문 화행	질문 화행	까, 니, 냐, 요↗	

3) 직접 화행: 문장 표지가 나타내는 고유 화행.
  ㉠ 질문문은 질문 화행을 수행하므로 청자는 응답을 해야 한다.
  ㉡ 진술문은 진술 화행을 수행하므로 청자에게 정보를 제공한다.
  ㉢ 명령문은 명령 화행을 수행하므로 청자에게 행위를 요구한다.
  ㉣ 청유문은 청유 화행을 수행하므로 청자에게 명제 내용에 대한 판단
   을 요구한다.

4) 간접 화행: 문장 표지에 의해서 수행되는 고유 화행이 아닌 다른
　　　　　　　 화행을 수행하는 화행
　ㄱ 질문문은 진술 화행, 명령 화행, 청유 화행을 간접적으로 수행한다.
　ㄴ 명령문은 진술 화행, 청유 화행을 간접적으로 수행한다.
　ㄷ 진술문은 질문 화행, 명령 화행, 청유 화행을 간접적으로 수행한다.
　ㄹ 청유문은 진술 화행, 명령 화행을 간접적으로 수행한다.

　3장에서는 첫째 둘째 문장 유형별로 수행된 고유 화행이 지니는
적정 조건의 어느 부분이 충족되지 않았을 때 각 문장이 수행하는 고
유 화행이 간접적으로 사용되는 지를 살펴보았고 둘째 문장 유형별
간접 화행의 모습을 살펴보았다. 그 결과 질문문은 질문 화행 이외에
'명령 화행, 진술 화행, 청유 화행'을 수행하고, 명령문은 명령 화행
이외에 '진술 화행, 청유 화행'을 수행하고, 진술문은 진술 화행 이외
에 '질문 화행, 명령 화행, 청유 화행'을 수행하고, 청유문은 청유 화
행 이외에 '명령 화행, 진술 화행'을 수행하는 것으로 나타났다.

　1) 문장 유형별로 본 간접 화행의 양상

	간접 질문	간접 명령	간접 진술	간접 청유
질문문	-	○	○	○
명령문	×	-	○	○
진술문	○	○	-	○
청유문	×	○	○	-

어떤 발화가 간접 화행으로 수행될 때의 조건을 그 발화가 지니는 문
장 표지에 의한 고유 화행이 지니는 적정 조건과의 비교를 통해서 알
수 있다. 질문 화행은 적정 조건 가운데 '예비 조건, 성실 조건, 본질
조건'을 어겨야만 간접 화행을 수행한다. 명령문은 모든 조건을 어김
으로써 간접 진술 화행을 수행하고 '예비 조건'만을 어겼을 때는 간접
청유 화행을 수행한다. 진술문은 '본질 조건'만을 어겼을 때 간접적으
로 질문 화행, 명령 화행, 청유 화행을 수행한다. 청유문은 '성실 조

건'만을 어겼을 때 간접적으로 명령 화행과 진술 화행을 수행하는 특징을 지녔다. 이를 도표로 보이면 다음과 같다.

2) 간접 화행으로 수행될 때 고유 화행이 지니는 적정 조건과의 관계

		명제 내용 조건	예비 조건	성실 조건	본질 조건
질문문	명령 화행	만족/불만족	불만족	불만족	불만족
	진술 화행	만족/불만족	불만족	불만족	불만족
	청유 화행	만족/불만족	불만족	불만족	불만족
명령문	질문 화행	-	-	-	-
	진술 화행	만족/불만족	불만족	불만족	불만족
	청유 화행	만족/불만족	불만족	만족	만족
진술문	질문 화행	만족	만족	만족	불만족
	명령 화행	만족	만족	만족	불만족
	청유 화행	만족	만족	만족	불만족
청유문	질문 화행	-	-	-	-
	명령 화행	만족	만족	불만족	만족
	진술 화행	만족	만족	불만족	만족

('만족/불만족'으로 표시된 경우 '만족'은 긍정문, '불만족'은 부정문에 해당됨.)

4장에서는 청자의 입장에서 본 간접 화행의 해석을 고정적 간접 화행과 비고정적 간접 화행으로 나누어 살펴보았다. 고정적 간접 화행은 청자의 언어 행위를 통해서 알 수 있다. 곧 직접 화행의 명제 내용인 언어 구조를 바탕으로 다른 전달 의미를 지닌 화자의 발화에 대해 청자는 화자의 발화 의도를 즉각적으로 이해하고 응답 또는 행위를 수반하며 고정 함축적이고 관용적인 경우가 많고 상황 비의존적인 특징을 지닌 것으로 보인다. 비고정 간접 화행은 어떤 발화를 접한 청자가 화자의 언표내적 행위를 추론하여 다른 언표내적 행위를 재추론하는 다단계 추론(또는 해석)을 거친다. 일반적으로 청자의 반응이 고정적 간접 화행에 비하여 즉각적이지 못한 특징이 있다.

1) 비고정 간접 화행의 해석 단계
   1단계: 언어 표현에 대한 해석(직접 화행 인식)
   2단계: 직접 화행과 그 명제 내용으로 의사 소통 불충분 인식(대화 협력의 원리에 의해서)
   3단계: 충분한 의사 소통을 위한 재해석(대화 상황에 의거하여 상황 정보 수집)
   4단계: 간접 화행으로 수행되는 명제 내용 추론
   5단계: 화자의 심층을 이해한다.

2) 고정 간접 화행의 해석 단계
   1단계: 직접 화행 인식 없이 간접 화행 해석
   2단계: 충분한 의사 소통을 위한 재해석(대화 상황에 의거하여 상황 정보 수집)
   3단계: 화자의 심층을 이해한다.

3) 비고정 간접 화행과 고정 간접 화행의 해석 과정

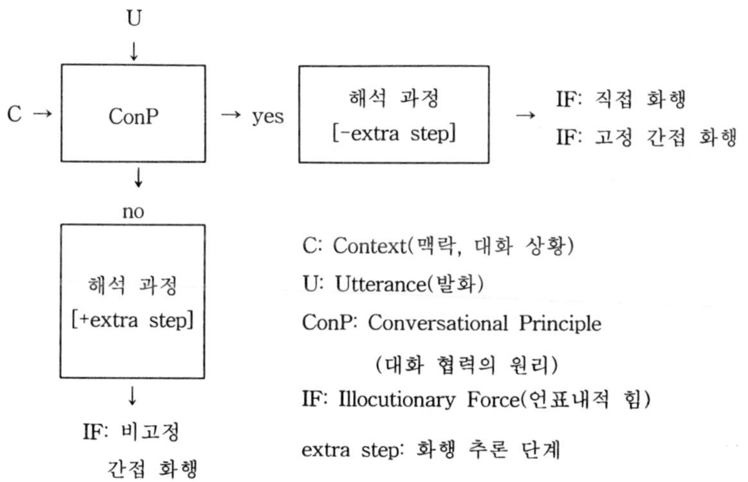

    5장에서는 앞선 연구에서 주장되었던 정중성을 간접 화행의 유일한 기능으로 보지 않고 간접 화행 사용의 근거나 원리 정도로 이해하

였다. 왜냐하면 간접 화행의 계속적 사용으로 인하여 정중성이 파괴되기 때문이다. 따라서 여기서는 간접 화행의 기능으로 긍정적 기능과 부정적 기능을 제시하였다.

간접 화행의 긍정적 기능은 대화 상대방과의 일이나 의사 소통을 원활히 수행하기 위하여 직접 화행을 수행하기 어려운 상황이나 대상에 대하여 사용되는 것으로, 상대방의 화행이나 그밖의 행위 및 일에 대한 부담을 완화시켜 주는 기능과 상대방과의 정서적인 갈등을 최소화하는 기능이 가장 본질적인 것이라고 본다. 간접 화행의 부정적 기능은 그것이 수행되는 상황에 따라 상대방에게 부담을 강화하는 경우도 있고 심리적인 대립이나 갈등을 야기하는 경우에 드러난다. 또한 간접 화행이 지니는 부정적 기능은 직접 화행을 수행해야 하는 상황에 사용되었을 때를 관찰하면 쉽게 알 수 있는데, 부담을 주어도 되는 대상에게 부담을 줄이는 간접 화행을 사용한다면 상대방은 부담을 줄여 주는 데서 만족하기보다는 오히려 두 사람의 친분 관계에 거리감이 존재하는 것을 인식하게 되며, 정서적으로 허심탄회하게 이야기를 나눌 수 있는 사람에게 정서적인 대립을 줄이려는 듯 간접 화행을 수행하면 조롱이나 비웃는 듯한 태도를 인식할 수도 있다. 뿐만 아니라 간접 화행은 상대방이 정확하게 화자의 의도 파악을 하지 못하는 경우 정보 전달에 문제가 발생하게 된다. 따라서 간접 화행이 지니는 부정적인 측면은 크게 심리적 거리감을 형성하는 기능과 부정적 정서 야기의 기능, 불명확한 의사 소통 등으로 나누어 볼 수 있다.

지금까지의 간접 화행에 대한 논의 가운데는 아직까지 미비한 측면이 있다. 문장 유형을 질문문, 명령문, 진술문, 청유문으로만 좁혀서 본 것이 그렇고 '질문 화행, 명령 화행, 진술 화행, 청유 화행'이 세부적으로 확대되었을 때의 해석적 화행의 모습을 어느 정도까지 확대하느냐 하는 점도 문제이다. 그리고 간접 화행을 사용하는 원인에 대한 심리적 접근이 언어학적으로 어느 정도까지 그 타당성을 인정받느냐 하는 점도 문제라 할 수 있다. 이러한 문제들에 대해서는 훗날의 과제로 남겨 둔다.

참고 문헌

강사희(1980). "인칭대명사의 화맥에서의 기능," 석사학위논문(이화여대).

강성영(1988). "문장 의미와 언표내적 파생원리," 박사학위논문(서울대).

강 신(1991). "전제의 투사 문제에 대하여," <화용론 논집>(서울대 화용론연구회), 1.

고인수(1998). "영어학습자의 요청 화행에 나타나는 화용적 전이(1)," <언어>(한국언어학회), 23-3.

곽선연(1985). "英語의 間接話行의 意味論的 分析," 석사학위논문(충남대).

───(1986). "영어의 간접 화행에 대한 일 연구," <언어연구>(한국현대언어학회), 3.

권영철(1988). "한국어 화행 동사의 분석," 서울대 석사학위논문.

권인영(1991). "서어의 명사적 종속문에 있어서의 법(mood)의 이해," <화용론 논집>(서울대 화용론연구회), 1.

김갑년 역(1999). <화행론 입문>. 서울:한국문화사(Götz Hindelang. *Einführung in die Sprechakttheorie*).

김기찬(1982). "영어 even과 한국어 '-까지,' '-마저'의 비교," <인문학총>(경북대 인문대학), 7.

───(1982). "의미 자질에 의한 전체 해석," <어문연구>(경북대 어학연구소), 7.

───(1985). "화행과 전제," <인문과학>(경북대 인문과학연구소), 창간호.

───(1986). <전제의 화용론적 연구>. 서울:형설출판사.

───(1987). "직접 화행과 간접 화행의 구별," 어문연구 12집.

김미숙(1997). <否定文의 間接話行 연구>. 박사학위논문(명지대).

김봉주(1980). "잠재 의미(Potential meaning)," <언어>(충남대), 창간호.

김순희(1997). "아이러니의 話行분석," 석사학위논문(대구효성카톨릭대).

김영진 역(1992). <말과 행위>. 서울: 서광사(Austin, J.L. 1975. *How to do Things with Words*).

김재봉(1994). "맥락의 의사소통적 기능(1)-맥락의 선택과 맥락 효과," <인문과학연구>(조선대), 16.

김정선(1995). "맥락에 따른 의문법의 기능에 관한 연구," 석사학위논문(한양대).

김정연(1995). "영한 화행 대조 분석," 석사학위논문(서울대).

김진온(1994). "화행과 언표내적 힘," <언어학논집>(언어정보연구원), 5.

김창익(1984). "간접 화행과 대화 요령," <언어연구> 창간호.

김태엽(1989). "간접 표현법의 한 양상," <어문학> 제50호.

김태옥,이현호(1991). <담화·텍스트 언어학 입문>. 서울:양영각.

김태자(1986). "간접 화행의 의미와 해석," <국어국문학>(국어국문학회), 95.

─────(1987). <발화 분석의 화행 의미론적 연구: 어학의 문학에로의 접근>. 서울: 탑출판사.

─────(1989). "간접화행과 대화적 함축," <국어학>(국어학회), 18.

─────(1994). "간접 발화 행위의 양상과 구조," <이화어문논집>, 13.

김한주(1997). "중학생의 영한 칭찬 화행 대조," 석사학위논문(고려대).

김현정(1996). <A contrastive analysis of compliments and compliment respon-ses in Korean and English - 칭찬 및 칭찬 반응을 중심으로>. 박사학위논문(서울대).

김흥수(1985). "심리 동사 구문의 단언적 의미," <국어학>(국어학회), 14.

─────(1989). <현대 국어 심리 동사 구문 연구>. 서울:탑출판사.

─────(1990). "내면 인용 구문의 해석," <주시경학보>(주시경연구소), 6.

노대규(1974). "한국어의 문맥어에 대하여," <언어문학> 1, (연세대).

노호순(1990). "영한 화행 대조 분석," 석사학위논문(서울대).

류경호(1991). "간접 화행: 극성어를 중심으로," <화용론 논집>(서울대 화용론연구회), 1.

문용희(1992). "間接話行과 談話分析," 경북대 교육대학원 영어교육 석사논문.

박경현(1989). "관습적 은유 표현의 형성과 해석," <제효 이용주 박사 회갑 기념논문집>.

박라미(1990). "화용론에서의 간접 표현 연구," <대구어문연구> 제15호.

박미숙(1995). "현대 독어에서 화법 불변화사의 화행 기능 연구," 석사학위논문(공주대 교육대학원).

박선호(1993). "영한 화행 대조분석," 석사학위논문(서울대).

박영수(1981). <비표현 수행력 연구>. 서울:형설출판사.

─────(1984). "간접 언어 행위의 표현력," <어문연구>(경북대 어학연구소), 9.

배주경(1996). "영어의 간접 화행," 석사학위논문(부산대).

백경숙(1991). "영한 화행 대조 분석: '사과'에 대하여," <화용론 논집>(서울대 화용론연구회), 1.

─────(1998). <A cross-cultural study of compliments and compliment respon-ses in english and korean = 영어와 한국어에 있어서의 칭찬 및

　　　　　　　　응답 화행에 대한 교차문화적 연구>. 박사학위논문(서울대).

서정수(1984). <존대법의 연구>. 서울:한신문화사.

──(1990). <현대 국어 문법의 연구 I.Ⅱ>. 서울:한국문화사.

──(1996). <수정증보 국어문법>. 서울:한양대 출판부.

성광수(1984). "국어 표현의 직접성과 간접성," <사대논집> 9 (고려대 사범대학).

──(1982). "화행의 의미와 적절성 문제." <語文論集> 23 (고려대 국어국문학
　　　　과).

성기철(1985). "국어의 화계와 격식성," <언어> 10-1 (한국언어학회).

성시형(1987). "의문의 초점과 의문문의 유형에 대한 연구," 석사논문(한양대).

소상호(1988). "間接話行과 含蓄," 석사학위논문(경북대).

손세모돌(1987). "시조 종장에 나타난 들을이 배려의 방법," <한양어문연구> 5
　　　　(한양어문연구회).

────(1988). "'좀'의 상황적 의미," <한국학논집>14 (한양대 한국학연구소).

────(1989). "행동 부과의 간접 표현," <한양어문연구> 7 (한양어문연구회).

────(1994). "보조 용언의 의미에 관한 연구," <한글> 223 (한글학회).

────(1996). <국어 보조용언 연구>. 서울:한국문화사.

송영주 역(1993). <담화 분석>(M. W. Stubbs, 1983. Discourse Analysis, Oxford:
　　　　Basil Blackwell). 서울:한국문화사

신남주(1993). "발화문Enonce의 해석과 간접화행에 관한 연구," 석사논문(부산대).

심재기외2명(1984). <의미론 서설>. 서울:집문당.

안선주(1998). "자폐성 장애아동의 화행능력," 석사논문(단국대).

엄경은(1991). "불어 의문문의 간접 화행에 대한 일고," <화용론 논집> 1 (서울대
　　　　화용론연구회).

엄기찬(1994). "영어 원어민과 한국인의 화행의 비교 분석 연구," 석사논문(한국교
　　　　원대).

연세대학교 언어개발정보연구원(1998). <연세 한국어 사전>. 서울:(주)두산.

오명근(1993). "도덕 의식과 의사소통 행동(Ⅱ) -하버마스 담론윤리론의 검토-,"
　　　　<인문연구> 15-1 (영남대 인문과학연구소).

오민필(1983). "강의(强意) 표현에 관한 유형별 연구," <새국어교육> 제37/38호 합
　　　　본.

오영환 역(1996). <관념의 모험>. 서울:한길사 (Alfred North Whitehead. 1933.
　　　　Adventures of Ideas).

오일석(1996). "한.미 화행 대조 분석," 석사논문(숭실대).

오재훈(1991). "질문의 의미," <화용론 논집> 1 (서울대 화용론연구회).

오주영(1997). "수사법에서 협력의 원리와 정중성 원리의 상호 작용," 경성대학교 논문집(인문 사회 과학편) 제18집 1권.

오주영(1998). <화용론과 의미 해석 -화행, 전제, 함축->. 부산:경성대학교 출판부.

우순조(1991). "회화 공준과 직접 추의," <화용론 논집> 1 (서울대 화용론연구회).

우인혜(1990). <우리말 피동 연구>. 서울:한국문화사.

윤경아(1994). "대화 함축과 관련성 이론," 석사논문(부산대).

윤석민(1996). <현대국어의 문장종결법 연구>. 박사논문(서울대).

윤홍섭(1991). "상황의미론에 의한 화행 분석," <화용론 논집> 1 (서울대 화용론 연구회).

이건원 역(1987). <언화 행위>. 서울:한신문화사(Searle, J.R. 1969. *Speech Acts*).

이경숙(1991). "한영 화행 대조 분석: 요청을 중심으로," <화용론 논집>(서울대 화 용론연구회), 1.

이기숙(1989). "언어행위에서의 이해," <장기욱교수정년기념논문집>.

이두헌(1994). <대화 분석의 방법에 관한 연구>. 박사논문(한국외국어대 불어과).

이명현(1975). "현대분석철학과 언어," <대학신문> 1975.5.19(이명현 1982에 재수록).

이명현(1982). <이성과 언어 -현대철학의 지평을 찾아서>. 서울:문학과지성사.

이성영(1994). <표현 의도의 표현 방식에 관한 화용론적 연구>. 박사논문(서울대).

이승근(1986a)."발화에 있어서의 장음," <국어학> 15 (국어학회).

이승미(1991). "한국어 의문문의 화행," <화용론 논집> 1 (서울대 화용론연구회).

이승아(1994). "간접 화행과 다리놓기 상황," <언어학논집> 4 (언어정보연구원).

이영래(1992). <간접 언어 행위에 관한 연구>. 박사논문(경북대학교 영어영문학과).

이영석(1991). "한국어의 극어와 비표준 질문," <화용론 논집> 1 (서울대 화용론 연구회).

이용주(1990). "담화 단위로서의 (적격)문에 대하여," <국어교육> 71-72 (한국국어 교육연구회).

──(1995). "의미, 표현, 전달, 이해," <박갑수선생 화갑 기념 논문집>.

이은재(1993). "간접화행과 화자의미," 석사논문(고려대 교육대학원).

이익환(1985). <의미론 개론>. 서울:한신문화사.

──(1985). <현대 의미론>. 서울:민음사.

이정민(1973). "언어 행위에 있어서의 양상 구조," <현대국어문법>. 계명대출판부.

이정민・장석진(1980). 「화용론의 기술」 서울대학교 인문대학.

이정민(1986). <언어 이론과 현대 과학 사상>. 서울대학교 출판부.

이정복(1995). "군대 조직에서의 경어법 사용에 관한 분석," <사회언어학>, 창간 호.

이정수(1990). <영어의 화제와 담화 구조에 관한 연구>. 박사논문(부산대).

이종철(1991). "추상의 특성과 감화적 용법," <국어교육학연구> 제1집 (국어교육 학회).

────(1992). "함축적 표현의 연구," <국어교육> 77-78 (한국국어교육학회).

────(1993a). "반어 표현의 활용론적 고찰," <호서어문연구> 1 (호서대).

────(1993b). "의사소통능력 신장을 위한 함축적 표현의 연구," 박사논문(서울 대).

이필영(1993). <국어의 인용구문 연구>. 서울:탑출판사.

이현정(1997). "한국어 대화체 문장의 화행 분석," 석사논문(서강대).

이홍배(1970a). "Performatives in Korean," Chicago Linguistic Society. Vol.6.

────(1970b). *A study of Korean Syntax: Performatives, Complemen- tation, Negation and Causution*. pan korea book corpo- ration. Seoul, Korea.

────(1971). "이행소(performatives)와 국어 변형 문법 I.II," <한글> 147-148 (한 글학회).

이희자(1984). "'-겠-'의 언표내적 효력 분석-언어 행위 이론을 배경으로," 석사논 문(연세대).

임유종(1995). "'좀/조금'에 대하여," <한양어문연구> 13 (한양대 한양어문연구회).

────(1997). <국어 부사의 범주 정립과 호응 및 어순에 관한 연구>. 박사논문 (한양대).

임지룡(1977). "국어 의미의 애매성 고찰," <복현문학> 12 (경북대).

임홍빈(1975). "수행적 이율 배반에 대하여," <문법연구> 제2집 (문법연구회).

장경희(1980). "지시어 '이, 그, 저'의 의미론적 분석," <어학연구> 16-2.

────(1982). "국어 의문법의 긍정과 부정," <국어학> 11 (국어학회).

────(1983). "'더'의 의미와 그 용법," <언어> 8-2 (한국언어학회).

────(1985). <현대국어의 양태범주 연구>. 서울: 탑출판사.

────(1986). "언어의 형식이 지니는 개념적 의미와 정보," <언어> 제11권 제2호 (한국언어학회).

────(1987). "국어의 완형보절의 해석," <국어학> 16 (국어학회).

————(1988a). "국어의 간접 표현," <주시경학보> 제1집, 서울:탑출판사.

————(1988b). "Polysemy and Interpretation." in Linguistics in the Morning Calm 2. Seoul:Hanshin Publishing Company.

————(1989). "지시사 '이, 그, 저'의 범주 지시," <인문논총> 17 (한양대).

————(1990a). "국어 발화의 확대 해석," <한글> 209 (한글학회).

————(1990b). "조응표현,"<국어 연구 어디까지 왔나>. 서울:동아출판사.

————(1998a). "화행의미론," <한국어의미학> 2 (한국어의미학회).

————(1998b). "국어의 대화 구조," <한양어문> 16 (한양어문학회).

장석진(1975). "문답의 화용상," <어학연구> 11-2 (서울대 어학연구소).

————(1976a). "대화의 분석:정보와 초점," <응용언어학> 8-2.

————(1976b). "화용론의 기술," <어학연구> 12-2 (서울대 어학연구소).

————(1981). "국어의 반복표현," <말> 6 (연세대).

————(1984a). "지시와 조응," <한글> 186 (한글학회).

————(1984b). "화행의 이론과 실제:동문서답," <어학연구> 20-1 (서울대 어학연구소).

————(1985). <화용론 연구>. 서울: 탑출판사.

————(1987). <오스틴>. 서울대학교 출판부.

————(1987). "한국어 화행동사의 분석과 분류," <어학연구> 23-3 (서울대 어학연구소).

————(1990). "화용과 문법:자연 언어 처리를 위한 화맥 연구," <언어> 15 (한국언어학회).

————(1991). "자연 언어와 논리-화용적 추론," <화용론 논집> 1 (서울대 화용론연구회).

————(1993). <화용과 문법>. 서울:탑출판사.

장성은(1996). "간접 화행에 대하여," <언어학논집> 7 (언어정보연구원).

장용대(1996). "영.한 화행 대조 분석," 석사학위논문(울산대).

장원철(1991). "명령문의 화행," <화용론 논집> 1 (서울대 화용론연구회).

장항규(1995). "영.한 화행 대조 분석," 석사논문(울산대).

전영철(1988). "한국어 화행 동사의 분석: 통보적 관점에서," 석사논문(서울대).

————(1991). "간접 화행의 고찰: 한국어 의문문을 중심으로," <화용론 논집> 1 (서울대 화용론연구회).

전은주(1991). "간접적 요청 행위와 간접적 제안 행위에 대하여," <화용론 논집> 1 (서울대 화용론연구회).

전혜영(1989). <현대 한국어 접속어미의 화용론적 연구>. 박사논문(이화여대).

정명종(1991). "화수 행위의 분류: 행위와 효과를 중심으로," <화용론 논집> 1 (서울대 화용론연구회).

──────(1992). "화행의 상황의미론적 분석," 석사논문(서울대).

정영헌(1994). "대화 함축에 의한 간접 화행의 분석," 석사논문(경북대).

정재은(1994). "국어의 간접화행에 관한 몇 가지 연구," 석사논문(한국외국어대).

정철호(1993). "화행의 간접성과 회화 함축 의미," 석사논문(한남대).

정혜경(1999). <언어 행동과 비언어 행동>. 서울: 박이정.

정회원(1991). "한국어의 간접 화행과 존대 표현," <화용론 논집> 1 (서울대 화용론연구회).

조대봉(1992). <인간 행동의 이해와 자아 실현>. 서울:문음사.

조준학(1980). "화용론과 공손의 규칙," <어학연구> 16-1 (서울대 어학연구소).

차현실(1994). "소마 명제의 표현 구조와 화용 조건," <이화어문논집> 13 (이화여대).

채영희(1991). "간접 인용에 관한 수행문 분석," <국어국문학> 28 (국어국문학회).

최선영(1994). "함축에 대한 연구-Grice의 함축 이론을 중심으로," <언어학논집> 5 (언어정보연구원).

최창렬(1982). "발화 행위와 의미," <한국언어문학> 20.

──────(1983). "맥락과 발화의 의미," <어학연구>(전북대).

최호선(1995). "상례성의 관점에서 고찰한 간접 화행," 석사논문(창원대).

태혜경(1995). "요청 중심의 간접 화행에 관한 연구," 석사논문(동아대).

한국철학사상연구회(편저)(1989). <철학대사전>. 서울:도서출판 동녘.

한글학회(1996). <우리말 큰사전>.

홍세일(1997). "의문발화의 화용적 기능: 비표현 수행력과 사회적 위계," <현대문법연구> 제11호.

홍혜성(1997). "한국어와 영어의 요청 화행에 쓰이는 예절 전략 비교," 석사논문(서울대).

黃迪倫(1986). "화행 대조분석 서설," <사대논총> 33 (서울대학교 사범대학).

황찬규(1980). "대화에 있어서 정중도의 변화에 관한 연구 -명령형의 서법 변화를 중심으로-," 석사논문(중앙대).

Alston, William Payne (1964). *Philosophy of Language*. Prentice-Hall, Inc. Englewood Cliffs. N.J. (곽강재 역.1992. <언어철학>. 민음사).

Austin, J.L(1962). *How to do things with words.* New York: Oxford University Press(김영진 역(1992). <말과 행위>. 서울: 서광사).

Bach, Kent and Robert M. Harnish(1979). *Linguistic Communication and Speech Acts.* Cambridge: The MIT Press.

Brown, C. & Levinson, S. C.(1989). *Politeness: Some Universals in Language Usage.* (First published 1978), Cambridge University Press.

Cole, M. & Morgan, J. L.(eds.)(1975) *Syntax and Semantics: Speech Acts. Vol. 3,* New York: Academic Press.

Cole, P.(1975). "The Synchronic and Diachronic Status of Conversational Implicature," *Syntax and Semantics. Vol. 3: Speech Acts,* 257-288pp, Peter Cole and Jerry L. Morgan, eds. New York: Academic Press.

Danilo Marcondes De Souza Filho(1985). "Language and Action : A Reassessment of Speech Act Theory," *Pragmatics & Beyond* Vol 6.

Davis, Wayne.A(1998). *Implicature: intention, convention, and principle in the failure of Gricean theory.* Cambridge University Press.

Davison, Alice(1975). "Indirect Speech Acts and What to Do with Them," *Syntax and Semantics. Vol. 3: Speech Acts,* Peter Cole and Jerry L. Morgan, eds. New York: Academic Press.

Deborah Tannen (Editor)(1993). *Framing in Discourse.*

Fraser, B.(1975). "Hedged Performatives," *Syntax and Semantics. Vol. 3: Speech Acts,* Peter Cole and Jerry L. Morgan, eds. New York: Academic Press.

Gazdar, G.(1979). *Pragmatics: Implicature, Presupposition and Logical Form.* New York: Academic Press.

Givon, T.(1979). *On Understanding Grammar.* New York: Academic Press(이기동 역.1981).

Gordon, David & George Lakoff(1971). "Conversational postulates," in Papers from the Seventh Regional Meeting, Chicago Linguistic Society, Chicago: Chicago Linguistic Society, pp63-84.

―――(1975). "Conversational Postulates," *Syntax and Semantics. Vol. 3: Speech*

Acts, Peter Cole and Jerry L. Morgan, eds. New York: Academic Press.

Green, Georgia M.(1975). "How to Get People to Do Things with Words," *Syntax and Semantics. Vol. 3: Speech Acts*, Peter Cole and Jerry L. Morgan, eds. New York: Academic Press.

Grice, H. Paul(1967). "Logic and Conversation," Unpublished MS, from the William James Lectures 1967. (Chapter 3 is pub- lished separately: see Grice 1975).

———(1975). "Logic and Conversation," *Syntax and Semantics. Vol. 3: Speech Acts*, Peter Cole and Jerry L. Morgan, eds. New York: Academic Press.

Katz, J. Jerrold(1977). *Propositional Structure and Illocutionary Force: A Study of the Contribution of Sentence Meaning to Speech Acts*. New York.: Crowell Company, Inc.

Leech, G. N.(1980). *Exploration in Semantics and Pragmatics*. Amsterdam: John Benjamins.

———(1981). *Semantics(2nd ed)*. Harmondswoth: Penguin Books Ltd.

———(1983). *Principle of Pragmatics*. New York: Longman Inc.

Levinson, S.C.(1980). "Speech act theory: the state of art." *Language and Linguistics:Abstracts*, 13.1, 5-24pp.

———(1983). *Pragmatics*. Cambridge: Cambridge University Press.

Lyons, J.(1977). *Semantics(I,II)*. Cambridge: Cambridge University Press.

———(1981). *Language, Meaning and Context*. London: Fontana.

———(1995). *Introduction to Semantics*. Cambridge: Cambridge Uni- versity Press.

Mey, J.L.(1993). *Pragmatics: an introduction*. Oxford: Blackwell.

Morgan, J.L.(1978). "Two types of convention in indirect speech acts," *Syntax and Semantics(Vol 9): Pragmatics(1978:261- 280)*. Peter Cole and Jerry L. Morgan, eds. New York: Academic Press.

Ross(1970). "On Declarative Sentences," in Jacobs, R.A. and Rosen- baum, P.S. (eds), *Readings in English Transformational Grammar*. Waltham, Mass.: Ginn, pp222-272.

Sadock(1974). *Toward a Linguistic Theory of Speech acts*. NewYork: Academic Press.

Searle, John R(1969). *Speech Acts*. Cambridge University Press(이건원 역(1987). <언화 행위>. 서울:한신문화사).

─────(1975). "Indirect speech acts," *Syntax and Semantics. Vol. 3: Speech Acts*, 59-82pp, Peter Cole and Jerry L. Morgan, edit. New York: Academic Press.

─────(1976). "A classification of illocutionary acts," *Language in Society. 5.* pp1-23.

─────(1976). *Intentionality*. Cambridge.

─────(1979). *Expression and Meaning*. Cambridge University Press.

─────(1997). *The Mystery of Consciousness*. NewYork: The New York Review of Books.

─────(1998). *Mind, Language and Society; Philosophy in The Real World.* New York: Basic Books.

Sohn, H.(1988). "Strategies of Indirection in Language," *Linguistics in the Morning Calm* 2. Seoul: Hanshin Publishing Com- pany.

Strawson, P. F.(1964). "Intention and Convention in Speech Acts," *The philosophical Review,* 73:439-460pp.

Wilson, D. and Sperber, D.(1986). *Relevance: Communication and Cognition.* Oxford: Basil Blackwell.

부 록

언어 행위의 적정 조건 및 간접 화행의 일반화와 그 해석 단계

(이 부분은 선행 연구에 나와있는 것과 본 연구의 결과를 기초로 정리한 것임.)

7.1. 적정 조건

7.1.1. 약속

a. 명제 조건: 화자의 미래 행위 A
b. 예비 조건: 1. 화자는 행위 A를 할 수 있다.
      2. 청자는 화자가 행위 A를 수행하길 원한다.(원할 수도 있고 원하지 않을 수도 있다.
c. 성실 조건: 화자는 스스로 행위 A하기를 원하며 청자가 행위 A에 대한 관심을 갖는 것에는 상관하지 않는다.
d. 본질 조건: 화자는 행위 A를 하려는 자신의 의도 또는 의무감을 인식한다.

7.1.2. 제안

a. 명제 조건: 화자의 미래 행위 A
b. 예비 조건: 1. 화자는 행위 A를 할 수 있다.
      2. 청자는 화자가 행위 A를 수행하길 원할 수도 있고 원하지 않을 수도 있다.
c. 성실 조건: 화자나 청자는 미래 행위 A가 일어날지에 대해 확실하지 않다. 그러나 화자는 청자가 화자의 미래 행위 A에 관심을 갖기를 원한다.
d. 본질 조건: 화자와 청자는 행위 A를 하려는 어떠한 의무감이나 의지는 없지만 능력은 있다.

7.1.3. 권유

a. 명제 조건: 청자의 미래 행위
b. 예비 조건: 1. 화자는 청자의 미래 행위 A가 발생할 것이 분명치
   않지만 청자의 미래 행위 수행 능력을 안다.
   2. 청자는 자신의 미래 행위를 모른다.
c. 성실 조건: 화자는 미래 행위 A에 대한 청자의 관심사가 있다고 보
   며 또한 화자 자신은 청자의 미래 행위에 관심을 갖는
   다.
d. 본질 조건: 청자의 미래 행위 A는 청자의 관심사는 아니지만 청자
   는 화자가 청자 자신의 미래 행위 A를 수행할 것을 원
   한다는 것을 안다.

7.1.4. 명령

a. 명제 내용 조건: 청자의 미래의 어떤 행위 A
b. 예비 조건: 화자는 청자에 대해 어떤 권위를 지닌다. 그러한 화자의
   권위를 청자는 인정한다.
c. 성실 조건: 청자가 미래에 어떤 행위를 수행하기를 화자는 바란다
d. 본질 조건: 청자는 화자의 발화가 청자 자신이 어떤 행위를 수행하
   기를 바란다는 것을 인식한다.

7.1.5. 요청

a. 명제 내용 조건: 청자의 미래 행위 A (화자는 청자의 미래 행위 A
   를 예견한다.)
b. 예비 조건: 1. 화자는 청자가 A를 할 수 있다고 믿는다.
   2. 청자가 요청 받지 않고서 스스로 A할 지는 화자나
   청자에게 분명하지 않다.
c. 성실 조건: 화자는 청자가 미래 행위 A를 하기를 원한다.
d. 본질 조건: 청자는 화자가 자신에게 행위A를 하게 하려는 시도로
   써 발화한 것을 이해한다.

7.1.6. 묵살

a. 명제 내용 조건: 상대방의 명제 P와 관련이 없는 어떤 명제
b. 예비 조건: 1. 화자는 어떤 명제에 대해 관심이 있을 수도 있고 없
    을 수도 있다.
    2. 청자는 그 명제에 대해 관심이 있다.
c. 성실 조건: 청자는 화자의 발화에 관심이 있지만 화자는 청자의 발
    화나 청자 자신에게 관심이 없다.
d. 본질 조건: 청자는 화자가 청자 자신의 발화 내용인 명제에 대해
    관심이 없다는 것을 알게 된다.

7.1.7. 비난

a. 명제 내용 조건: 청자의 과거 행위 A
b. 예비 조건: 화자는 청자의 과거 행위에 대해 관심을 가지며 청
    자의 힘이나 권위를 의식한다.
c. 성실 조건: 화자는 청자의 과거 행위에 대해 부정적 정서를 지
    닌다.
d. 본질 조건: 청자는 화자가 청자 자신에 대해 부정적 정서를 지
    니고 있음을 알며 화자가 그러한 부정적 정서를 청
    자 자신에게 표현하고 있음을 인식한다.

7.1.8. 사과

a. 명제 조건: 화자의 과거 행위 A
b. 예비 조건: 화자는 청자에게 한 과거 행위 A를 알고 있다.
c. 성실 조건: 1. 화자는 청자에게 한 과거 행위 A에 대한 사과의 마
    음을 느낀다.
    2. 청자는 화자의 과거 행위 A에 관심이 없다.
d. 본질 조건: 화자는 청자에게 했던 과거 행위 A가 청자에게 좋지 않
    았던 것을 알고 있다.

7.1.9. 감사

a. 명제 내용 조건: 청자의 과거 행위 A
b. 예비 조건: 청자의 과거 행위가 화자에게 도움이 되었으며 화자는
　　　　　　　그 행위가 화자 자신에게 도움이 되었다고 믿는다.
c. 성실 조건: 화자는 청자의 과거 행위에 대해 즐거움과 감사의 마음
　　　　　　을 느낀다.
d. 본질 조건: 청자는 화자의 표현을 축복과 감사의 표현으로 본다.

7.1.10. 경고

a. 명제 내용 조건: 청자의 과거 또는 미래의 행위, 사건, 상태 본래의
　　　　　　　사건 또는 상태 E(미래 사건E)
b. 예비 조건: 1. 화자는 E가 발생할 것이며 청자의 관심사가 아니라
　　　　　　　고 믿는다.(청자는 E가 일어나는 것과 E가 청자의
　　　　　　　이해에 좋지 않다는 것을 믿는 이유를 갖고 있다.)
　　　　　　2. 화자는 그 미래 사건E가 발생한 것이 청자에게 분명
　　　　　　　치 않다고 생각한다(화자에게도 청자에게도 E가 일
　　　　　　　어날지는 분명하지 않다).
c. 성실 조건: 화자는 사건 E가 청자의 최상의 관심사가 아니라고 믿
　　　　　　는다(화자는 E가 청자에게 좋지 않다고 믿는다).
d. 본질 조건: E는 청자의 현상의 관심사가 아니라는 '이해'로서 간주
　　　　　　된다(E가 청자에게는 좋지 않다는 취지에서 행위로서
　　　　　　타당하다).

7.2. 간접 행위의 일반화

7.2.1. 간접 약속

일반화 1: 화자는 어떤 행위를 수행할 의지를 지니고 청자에게
　　　　　　예비성 조건을 서술함으로써 간접적 약속을 할 수

있다.

일반화 2: 화자는 청자에 의해 예견되는 명제 내용을 서술함으로써 간접 약속을 할 수 있다.

일반화 3: 화자는 성실성 조건이 행해질 것을 서술함으로써 간접 약속을 할 수 있지만 그것이 행해지는 지를 질문함으로써는 간접 약속을 할 수 없다.

일반화 4: 화자는 어떤 행위를 행할 만한 충분한 혹은 우선적인 이유가 있는 지를 서술하거나 질문함으로써 간접적 약속을 할 수 있다. 그러나 그 이유가 청자가 어떤 행위를 행하기를 원하지 않을 경우는 예외다. 그런 경우에는 화자는 오로지 청자가 어떤 행위를 하기를 원하지 않는 것에 대해 질문함으로써 약속할 수 있다.

7.2.2. 간접 제안

일반화 1: 화자는 어떤 행위를 수행할 의지를 지니고 청자에게 예비성 조건을 서술하거나 질문함으로써 간접 제안할 수 있다(간접 약속과 동일).

일반화 2: 화자는 청자에 의해 예견되는 명제 내용을 서술하거나 질문함으로써 간접 제안할 수 있다(간접 약속과 동일).

일반화 3: 화자는 성실성 조건이 행해질 것을 서술하거나 질문함으로써 간접 제안을 할 수 있지만 그것이 행해지기를 질문함으로써는 간접 제안을 할 수 없다(간접 약속과 동일).

일반화 4: 화자는 어떤 행위를 행할 만한 충분한 혹은 우선적인 이유가 있는 지를 서술하거나 질문함으로써 간접 제안을 할 수 있다.

7.2.3. 간접 권유

일반화 1: 화자는 청자의 미래 행위를 예견하고 이 미래 행위가 발생하도록 청자의 능력에 대한 예비 조건에 의거하여 서술하거나 질문함으로써 간접 권유를 할 수 있다.

일반화 2: 화자는 청자의 미래 행위인 명제 내용 조건에 대해 서술하거나 질문함으로써 간접 권유를 할 수 있다.

일반화 3: 화자는 성실성 조건에 대해 서술하거나 질문함으로써 간접 권유를 할 수 있다. 그러나 미래 행위를 할 것인지에 대해 질문할 때는 간접 권유가 되지 않는다.

일반화 4: 화자는 청자가 청자 자신의 미래 행위를 수행할 충분한 또는 우선적인 이유에 대해 서술하거나 질문함으로써 간접 권유를 할 수 있다. 그러나 그 이유가 청자가 미래 행위를 하기를 원할 때는 간접 권유가 될 수 없다. 이런 경우에는 화자는 오로지 청자가 청자 자신의 미래 행위를 하기를 원하는 지에 대해서 질문함으로써 직접 권유를 하게 된다.

7.2.4. 간접 명령

일반화 1: 화자는 어떤 행위를 수행할 청자의 능력과는 관계없이 청자가 인정하는 화자 자신의 권위에 의존하여 청자의 미래 행위에 대해 서술하거나 질문함으로써 간접 명령할 수 있다.

일반화 2: 화자는 청자의 미래 행위에 대해 질문하거나 서술함으로써 간접 명령할 수 있다.

일반화 3: 화자는 청자가 어떤 행위를 수행하기를 바란다는 성실성 조건을 충족시키는 서술을 함으로써 간접 명령할 수 있지만 질문함으로써는 간접 명령할 수 없다.

일반화 4: 화자는 어떤 행위를 행할 만한 충분한 혹은 우선적인 이유가 있는 지를 서술하거나 질문함으로써 간접 명령할 수 있다. 그러나 그 이유가 청자가 어떤 행위

를 행하기를 원하는 데 있을 경우는 어떠한 발화라
도 (간접) 명령이 될 수 없다.

7.2.5. 간접 요청

일반화 1: 화자는 어떤 행위를 수행할 청자의 능력에 대한 예비
성 조건이 행해지는 지를 질문하거나 서술함으로써
간접적 요구를 할 수 있다.

일반화 2: 화자는 명제 내용 조건이 행해지는 지를 질문하거나
서술함으로써 간접적 요구를 할 수 있다.

일반화 3: 화자는 성실성 조건이 행해지는 지를 서술함으로써
간접적 요구를 할 수 있지만 그것이 행해지는 지를
질문함으로써는 그렇게 할 수 없다.

일반화 4: 화자는 어떤 행위를 행할 만한 충분한 혹은 우선적인
이유가 있는 지를 서술하거나 질문함으로써 간접적
요구를 할 수 있다. 그러나 그 이유가 청자가 어떤
행위를 행하기를 원하는 데 있을 경우는 예외다. 그
런 경우에는 화자는 오로지 청자가 어떤 행위를 하
기를 원하는 지에 대해 질문함으로써 요구할 수 있
다.

7.2.6. 간접 묵살

일반화 1: 화자는 어떤 명제 내용을 포함하는 청자의 발화에 대
해 화자 자신의 관심을 표명하지 않는 예비성 조건
을 충족하는 내용을 서술함으로써 간접적 묵살 화행
을 할 수 있다.

일반화 2: 화자는 청자의 명제와 관련이 없는 어떤 명제에 대해
언급하거나 질문함으로써 간접적 묵살 화행을 할 수
있다.

일반화 3: 화자는 청자나 청자의 발화에 관심이 없음을 서술하
거나 청자의 발화 내용을 부정함으로써 간접적 묵살

을 할 수 있다.

일반화 4: 화자는 묵살 화행을 할만한 충분한 혹은 우선적인 이유에 대해 서술함으로써 간접적 묵살을 할 수 있다. 아울러 그 이유가 청자가 청자 자신의 발화가 묵살되기를 원하는지에 대해서 질문함으로써는 묵살할 수 없다.

7.2.7. 간접 비난

일반화 1: 화자는 청자의 과거 행위에 대한 예비성 조건 곧 청자의 과거 행위에 대해 화자 자신의 관심과 청자의 힘과 권위를 의식한다는 것을 서술함으로써 청자나 화제의 중심 인문을 간접적으로 비난할 수 있다.

일반화 2: 화자는 청자의 과거 행위에 대해 서술하거나 질문 또는 부정함으로써 청자 또는 화제의 중심 인문을 간접적으로 비난할 수 있다.

일반화 3: 화자는 비난의 성실성 조건 곧 청자의 과거 행위에 대해 화자 자신이 부정적 정서를 지니고 있음을 서술함으로써 간접적 비난을 할 수 있다. 그러나 청자의 과거 행위만을 단순 서술함으로써 간접적 비난을 할 수 없다.

일반화 4: 화자는 청자의 과거 행위의 잘못 된 점을 서술하거나 질문함으로써 간접적으로 비난할 수 있다. 그러나 그 잘못 된 점을 청자가 알고 있을 경우에는 (간접) 비난할 수 없다.

7.2.8. 간접 감사

일반화 1: 화자는 청자의 과거 행위에 대한 예비성 조건을 서술함으로써 간접 감사를 할 수 있다.

일반화 2: 화자는 명제 내용 조건을 서술함으로써 간접 감사를 할 수 있다.

일반화 3: 화자는 성실성 조건이 행해지는 지를 서술함으로써 간접적 감사를 표시할 수 있지만 청자의 과거 행위에 대해 질문함으로써는 간접 감사를 할 수 없다.

일반화 4: 화자는 청자의 과거 행위에 대한 고마움을 표현해야 할 충분한 이유를 서술함으로써 간접 감사를 표시할 수 있다. 그러나 그러한 이유가 청자가 화자의 고마움을 받기를 원했을 때는 화자의 감사 표시는 감사 화행으로 볼 수가 없다.

7.2.9. 간접 사과

일반화 1: 화자는 청자에게 사과 행위를 수행할 의지를 지니고 청자에게 화자 자신의 과거 행위를 인식한다는 것을 서술함으로써 간접 사과를 할 수 있다.

일반화 2: 화자는 청자에 의해 충분히 예견될 수 있는 과거 행위에 대해 질문함으로써 간접 사과를 할 수 있다. 그러나 과거 행위에 대한 단순 서술만으로는 간접 사과를 할 수 없다.

일반화 3: 화자는 자신의 과거 행위에 대해 청자에게 사과할 마음이 있음을 서술함으로써 간접 사과를 할 수 있지만 화자 자신의 사과 행위에 대해 질문함으로써 간접 사과를 할 수 없다.

일반화 4: 화자는 사과 행위를 행할 만한 충분한 혹은 우선적인 이유를 언급함으로써 간접 사과를 할 수 있다. 그러나 그 이유가 청자가 화자의 사과 행위를 원하지 않을 때에는 예외다. 그런 예외의 경우에는 화자는 오로지 청자가 화자의 사과 행위를 원하지 않음에 대해 질문함으로 (직접) 사과를 할 수 있다.

7.2.10. 간접 경고

일반화 1: 화자는 어떤 사건을 예견하고 이 사건이 발생하도록 하는 청자의 능력에 대한 예비 조건에 의거하여 질문하거나 서술함으로써 간접적 경고를 할 수 있다.

일반화 2: 화자는 명제 내용 조건이 행해지는 지를 질문하거나
서술함으로써 간접적 경고를 할 수 있다.

일반화 3: 화자는 성실성 조건을 서술함으로써 간접적 경고를
할 수 있지만 그 사건이 발생할 것을 질문함으로써
는 간접 경고를 할 수 없다.

일반화 4: 화자는 어떤 사건(늦게 되는 사건)이 발생할 만한 충
분한 혹은 우선적인 이유에 대해 서술하거나 질문함
으로써 간접적 경고를 할 수 있다. 그러나 그 이유
가 청자가 어떤 사건을 의도적으로 발생시키고자 할
때는 예외다. 그런 경우에는 화자는 오로지 청자가
어떤 사건 E를 수행할 가능성에 대해 질문함으로써
경고할 수 있다.

7.3. 간접 화행의 해석 과정

7.3.1. 간접 약속

예문〉 너한테 빌려간 책 내일 꼭 줄께.

단계 1: 화자는 자신의 책을 돌려줄 능력에 대해 서술하였다(대
화상의 사실에 의해서).

단계 2: 청자는 화자가 대화에 협력하고 있고 화자의 발화가 지
니는 특정 목적을 갖고 있다고 가정한다(대화협력의 원
리에 의해서).

단계 3: 대화의 배경 가운데 청자가 책을 돌려 받겠다는 의지에
대한 경우는 없으며 그러한 청자 자신은 책을 돌려 받
겠다는 의지를 표명하지도 않았고 화자도 그러한 사실
을 안다(사실적 배경 정보에 의해서).

단계 4: 더군다나 화자는 자신이 서술한 내용이 당연하다는 것

을 알고 있다(사실적 배경 정보에 의해서). → 단계 4
는 단계 5에로의 이동을 촉진시켜 주지만 본질적인 것
은 아니다.

단계 5: 그러므로 화자의 발화는 단순한 진술이 아닌 다른 언표
내적 목적을 지니고 있으며 청자는 단계 1, 2, 3, 4로
부터의 추론을 통해서 화자의 또 다른 언표내적 목적에
대해 추리를 한다.

단계 6: 약속이라는 언표내적 행위의 예비성 조건은 화자가 명
제 내용 조건 안에서 서술된 행위를 수행할 능력이 있
다는 것이다(화행론에 의해서).

단계 7: 그래서 화자는 청자에게 책을 돌려줄 것이라는 약속의
예비성 조건을 함의하는 서술을 하였다.(단계 1, 6으
로부터의 추론에 의해서).

단계 8: 화자와 청자는 만나고 있고 일반적으로 책을 빌려간 사
람은 원주인에게 책을 돌려주어야 한다(배경 정보에 의
해서).

단계 9: 그렇기 때문에 화자는 약속의 예비성 조건을 만족시키
는 것에 대해서 언급했다. 그것을 준수함으로써 청자는
화자가 나에게 어떠한 행위를 할 것인지를 알게 된다
(단계 7,8로부터의 추론에 의해서).

단계 10: 그러므로 어떤 다른 언표내적 목적의 가능성이 배제된
경우에라도 청자는 화자가 책을 돌려주겠다는 약속을
하는 것으로 이해한다(단계 5, 9로부터의 추론에 의해
서).

7.3.2. 간접 제안(질문문)

예문〉 S1: 식사 시간인데요?

 H2: 벌써 그렇게 되었나? 오늘은 뭘 먹을까?

 S3: 글쎄요. 배가 고프다 못해 아프니까 부담이 덜 가는 것
으로 하시지요?

단계 1: 화자 S1은 식사 시간에 대해 질문하였다(대화상의 사실에 의해서).

단계 2: 청자 H1은 화자 S2가 대화에 협력적이며 S2가 어떤 목적을 갖고 있다고 가정한다(대화협력의 원리에 의해서).

단계 3: 대화의 배경은 식사를 어떤 것으로 할 것인가에 대한 것이다(일반적 배경 정보에 의해서).

단계 4: 화자는 청자인 나의 대답 H1이 식사를 하겠다는 것임을 알고 있다(사실적 배경에 정보에 의해서). → 이 단계는 단계 5로의 이동을 촉진시켜 주지만 본질적인 것은 아니다.

단계 5: 그러므로 그의 발화 S2는 아마도 단지 질문이 아닌 어떤 다른 언표내적 목적을 갖고 있다(단계 1,2,3,4로부터의 추론에 의해). 그렇다면 그 목적은 무엇인가?

단계 6: 제안이라는 언표내적 행위의 예비 조건은 청자인 내가 화자의 미래 행위인 식사할 것이라는 것을 알 수 있다는 것이다(화행론에 의해서).

단계 7: 그래서 화자는 나에게 '식사를 하자'는 제안의 예비 조건이 만족되는 것을 함의하는 것을 질문하였다(단계 1, 6으로부터의 추론에 의해서).

단계 8: 우리는 지금 시간적으로 식사할 시간에 있음을 알고 이 때가 되면 일반적으로 무엇으로 식사할 것인지를 결정하게 된다(배경 정보에 의해서).

단계 9: 그렇기 때문에 그는 제안의 예비성 조건을 만족시키는 것에 대해서 언급했다. 그것을 준수함으로써 나는 그가 어떤 것으로 식사할 것인지를 원하는지를 생각하게 된다(단계 7,8로부터의 추론에 의해서).

단계 10: 그러므로 어떤 다른 언표내적 목적의 가능성이 배제된 경우라면 나는 그가 어떤 종류의 식사에 대해 제안하고 있다고 본다.(단계 5, 9로부터의 추론에 의해서).

7.3.3. 간접 권유(청유문)

> 예문〉 병수: 종길아! <u>다른 친구들은 실직한 철수를 돕기 위해 생활
> 비를 모으고 있단다.</u>
> 　　종길: 그럼 우리도 이러고 있으면 안되지. 우리도 무언가 해
> 보자.

단계　1: 화자 병수는 청자 종길이의 실직한 친구 철수를 위해
　　　　할 수 있는 일을 서술하였다(대화상의 사실에 의해서).

단계　2: 청자 종길이는 화자 병수가 대화에 협력을 하고 있고
　　　　화자 병수의 발화는 어떤 목적을 갖고 있다고 가정한다
　　　　(대화협력의 원리에 의해서).

단계　3: 대화의 배경은 청자 종길이로 하여금 철수의 생활비를
　　　　낼 수 있다는 철수의 미래 행위를 공론화하는 것은 아
　　　　니다.(사실적 배경 정보에 의해서).

단계　4: 더욱이 화자 병수는 화자의 서술에 대한 청자 종수의
　　　　반응이 긍정적이라는 것을 알 것이다(사실적 배경 정보
　　　　에 의해서). → (이 단계는 단계 5에로의 이동을 촉진
　　　　시켜 주지만 본질적인 것은 아니다.)

단계　5: 그러므로 화자 병수의 발화는 단순한 서술이 아닌 어떤
　　　　언표내적 목적을 갖고 있다고 청자는 알게 된다(단계
　　　　1,2,3,4로부터의 추론에 의해). 그렇다면 화자 병수의
　　　　언표내적 의미는 무엇인가?

단계　6: 권유라는 언표내적 행위의 예비성 조건은 청자 종수가
　　　　'실직한 친구 철수를 도와준다'는 명제 내용의 조건 안
　　　　에서 서술된 행위를 수행할 능력이 있음을 화자가 알고
　　　　있다는 것을 청자 종수는 알게 된다(화행론에 의해서).

단계　7: 그래서 화자는 청자인 나에게 '철수를 도와주라'는 권유
　　　　의 예비성 조건을 함의하는 부정적 정서를 주지 않는
　　　　범위 안에서 화자 병수는 위와 같이 발화하였다.(단계
　　　　1, 6으로부터의 추론에 의해서).

단계　8: 화자와 청자는 어려움에 처한 친구의 상황에 대해 얘기

하였고 배경 정보로서 친구라면 그러한 상황에 처한 친구를 외면하지 않고 어떤 행위를 한다는 것에 대해 대화하고 있다.

단계 9: 그렇기 때문에 화자는 권유의 예비성 조건을 만족하는 것에 대해 서술하였고 예비성 조건을 준수함으로써 청자는 화자가 청자 자신에게 어떤 행위를 하도록 권유한다는 것을 생각하게 된다(단계 7,8로부터의 추론에 의해서).

단계 10: 그러므로 어떤 다른 언표내적 목적의 가능성이 배제된 경우에 화자는 아마도 청자인 종길이에게 '철수를 도와줄 것'을 권유하고 있는 것이다(단계 5, 9로부터의 추론에 의해서).

7.3.4. 간접 명령

예문〉 S1: 어디 나가니?

H2: 네. 친구들과 약속이 있어서요.

S3: <u>시험이 내일인데 어딜 나가니?</u>

H4: 알았어요.

단계 1: 청자는 화자가 자신의 미래 행위인 시험 준비에 대해서 언급하고 있음을 안다(대화의 사실에 의거해서).

단계 2: 청자는 화자가 대화에 협력적이고 화자의 발화가 어떤 목적을 갖고 있다고 가정한다(대화협력의 원리에 의해서).

단계 3: 청자는 대화의 배경은 청자의 시험 준비에 대한 것임을 알게 된다(사실적 배경 정보에 의해서).

단계 4: 청자는 화자가 원하는 바가 무엇인지를 추론할 수 있다(사실적 배경 정보에 의해서). → (이 단계는 단계 5에로의 이동을 촉진시켜 주지만 본질적인 것은 아니다.)

단계 5: 그러므로 청자는 화자의 발화가 단지 단순 의문이 아닌 어떤 다른 언표내적 목적을 갖고 있을 것으로 추론한

다(단계 1,2,3,4로부터의 추론에 의해). 그리고 청자
는 화자의 목적이 무엇인가를 추론한다.

단계 6: 명령이라는 언표내적 행위의 예비 조건은 화자가 청자
에 대해 어떤 권위를 지니고 있어야 한다(화행론에 의
해서).

단계 7: 그래서 청자는 화자의 권위에 도전할 수 없음을 알고
화자는 자신이 의도하는 언표내적 목적(여기서는 명령)
을 성취하기 위하여 S3과 같은 발화를 하였음을 청자
는 알게 된다(단계 1, 6으로부터의 추론에 의해서).

단계 8: 청자는 화자의 발화를 시험 준비라는 일반적인 지식에
의거하여 어떠한 행동을 취해야 하는지를 알게 된다.

단계 9: 그렇기 때문에 화자는 명령의 예비 조건을 만족시키는
것에 대해 질문하였다. 화자가 명령의 예비 조건을 준
수함으로써 청자는 화자의 발화가 청자 자신의 미래 행
위에 대해 얘기하고 있음을 알게 된다.(단계 7,8로부
터의 추론에 의해서).

단계 10: 그러므로 어떤 다른 언표내적 목적의 가능성이 배제된
경우라면 청자는 화자의 S3 발화가 청자 자신에 대한
명령이라는 것을 인식하게 된다(단계 5, 9로부터의 추
론에 의해서).

7.3.5. 간접 요청

예문) 소금 좀 주시겠습니까?

단계 1: S는 내가 소금을 건네줄 능력에 대해서 물었다(대화상
의 사실에 의해서).

단계 2: 나는 그가 대화에 협력을 하고 있고 그의 발화가 어떤
목적을 갖고 있다고 가정한다(대화협력의 원리에 의해
서).

단계 3: 대화의 배경은 나의 소금 건네줄 능력에 대한 공론적

관심을 표시하는 그런 것이 아니다(사실적 배경 정보에 의해서).

단계 4: 더군다나 그는 아마도 이미 그 질문에 대한 대답이 'yes'라는 것을 안다(사실적 배경 정보에 의해서). → 이 단계는 단계 5에로의 이동을 촉진시켜 주지만 본질적인 것은 아니다.

단계 5: 그러므로 그의 발화는 아마도 단지 질문이 아닌 어떤 다른 언표내적 목적을 갖고 있다(단계 1,2,3,4로부터의 추론에 의해). 그렇다면 그 목적은 무엇인가?

단계 6: 요구라는 언표내적 행위의 예비 조건은 H가 명제 내용 조건 안에서 서술된 행위를 수행할 능력이 있다는 것이다(화행론에 의해서).

단계 7: 그래서 S는 나에게 소금을 건네달라는 요구의 예비 조건이 만족되는 것을 함의하기 위해서 긍정적인 대답을 물었다(단계 1, 6으로부터의 추론에 의해서).

단계 8: 우리는 지금 식탁에 앉아 있고 사람들은 보통 식탁에서 소금을 사용하며 그것을 앞뒤로 건네주도록 시도하기도 한다(배경 정보에 의해서).

단계 9: 그렇기 때문에 그는 요구의 예비성 조건을 만족시키는 것에 대해서 언급했다. 그것을 준수함으로써 나는 그가 내가 무엇을 하기를 원하고 있다고 생각할 수 있다(단계 7,8로부터의 추론에 의해서).

단계 10: 그러므로 어떤 다른 언표내적 목적의 가능성이 배제된 경우에 그는 아마도 네가 그에게 소금을 건네주도록 요구하고 있는 것이다(단계 5, 9로부터의 추론에 의해서).

7.3.6. 간접 묵살

예문) 갑1: 그런데 오늘 날씨가 너무 좋다.

을2: 그래, 어디 바람이라도 쐬었으면 좋겠다.

갑3: 시외로 나갈까? (이때 병이 들어온다.) 어서와.
  어디로 가는게 좋겠니?

을4: 글쎄 양평 쪽이 어떨까?

병5: 나 오늘 머리 다듬었는데, 어때?

을6: (계속 갑을 바라 보면서) 그래, 양평 어때?

갑7: 좋지. 그쪽으로 가자.

단계 1: 화자 을은 나의 발화에 응답하는 것이다(대화상의 사실에 의해서).

단계 2: 나는 그가 대화에 협력을 하고 있고 그의 발화가 어떤 목적을 갖고 있다고 가정한다(대화협력의 원리에 의해서).

단계 3: 대화의 배경은 나의 머리에 대한 을의 관심을 표시하는 그런 것이 아니다(사실적 배경 정보에 의해서).

단계 4: 더군다나 그는 아마도 나의 질문에 대답을 해야할 것이다(사실적 배경 정보에 의해서). → 이 단계는 단계 5 에로의 이동을 촉진시켜 주지만 본질적인 것은 아니다.

단계 5: 그러므로 그의 발화는 단순한 서술이나 질문이 아닌 다른 언표내적 목적을 갖고 있다(단계 1,2,3,4로부터의 추론에 의해). 그렇다면 그 목적은 무엇인가?

단계 6: 화자의 발화는 청자인 내가 관심이 있는 명제에 대해 관심의 표명을 하고 있지 않음으로써 묵살의 예비 조건을 충족하고 있다(화행론에 의해서).

단계 7: 그래서 화자는 나의 말을 무시하려는 묵살의 예비 조건을 만족되는 것을 함의하기 위해서 '그래. 양평 어때?' 에서 보듯이 '그래'같은 포괄적인 대답을 하여 내가 바라는 대답을 하지 않았고 '양평 어때?'같은 나의 발화와 관계가 없는 발화를 하였다(단계 1, 6으로부터의 추론에 의해서).

단계 8: 대화를 나누는 가운데 청자인 내가 끼어 들어서 내가 원하는 대답을 얻기를 시도하였다(배경 정보에 의해서).

단계 9: 그렇기 때문에 상대방은 묵살의 예비 조건을 함의하는 것에 대해 언급하였다. 그것을 준수함으로써 나는 상대방이 나의 질문에 응답하기를 거부했음을 알게 된다(단계 7,8로부터의 추론에 의해서).

단계 10: 그러므로 어떤 다른 언표내적 목적의 가능성이 배제된 경우에 그는 아마도 나의 머리에 대해 평가해 달라는 요구를 담고 있는 발화 자체를 묵살하고 있다고 본다(단계 5, 9로부터의 추론에 의해서).

7.3.7. 간접 비난

예문) S1: 정말로 그를 사회적으로 매장시켰습니까? 아니지요?
H2: 응. 왜 뭐가 잘못되었나?
S3: 아니, 뭐 꼭 그런 것은 아니지만 <u>그렇게까지 한 것은 좀 심한 것 같습니다</u>.
H4: 지금 무슨 말 하는 거야? 그런 사람을 그냥 놔둬?

단계 1: 청자는 화자가 자신의 과거 행위인 어떤 사람을 사회적으로 매장시킨 것에 대해 언급하고 있음을 안다(대화의 사실에 의거해서).

단계 2: 청자는 화자가 대화에 협력적이고 화자의 발화 S3이 어떤 목적을 갖고 있다고 가정한다(대화협력의 원리에 의해서).

단계 3: 청자는 대화의 배경이 청자 자신의 과거 행위에 대한 평가라는 것을 안다(사실적 배경 정보에 의해서).

단계 4: 청자는 화자가 원하는 바가 무엇인지를 추론할 수 있다

> (사실적 배경 정보에 의해서). → (이 단계는 단계 5에
> 로의 이동을 촉진시켜 주지만 본질적인 것은 아니다.)

단계 5: 그러므로 청자는 화자의 발화가 단지 단순 의문이나 서
술이 아닌 어떤 다른 언표내적 목적을 갖고 있을 것으
로 추론한다(단계 1,2,3,4로부터의 추론에 의해). 그
리고 청자는 화자의 목적이 무엇인가를 추론한다.

단계 6: 비난이라는 언표내적 행위의 예비 조건에 의하여 화자
가 청자의 과거 행위인 어떤 사람을 사회적으로 매장시
킨 것에 대해 관심을 가지고 있으며 화자는 청자의 힘
이나 권위를 의식하여 발화한다. 이러한 화자의 언표내
적 의도를 청자는 안다(화행론에 의해서).

단계 7: 그래서 화자가 청자의 권위에 도전할 수 없는 상태에서
화자 자신의 언표내적 목적(여기서는 비난)을 성취하기
위하여 S3과 같은 발화를 하였음을 청자는 알게 된다
(단계 1, 6으로부터의 추론에 의해서).

단계 8: 청자는 화자의 발화 S3이 청자 자신의 과거 행위에 대
한 어떤 평가 행위를 하고 있음을 안다.

단계 9: 단계 7과 8의 추론에 의거하여 청자는 화자의 발화 S3
이 청자 자신의 과거 행위에 대한 비난을 하기 위한 예
비 조건을 만족하는 것으로 이해한다.

단계 10: 그러므로 어떤 다른 언표내적 목적의 가능성이 배제된
경우라면 청자는 화자의 발화 S3이 청자 자신에 대한
간접적인 비난임을 인식하게 된다(단계 5, 9로부터의
추론에 의해서).

7.3.8. 간접 사과

> 예문: 너를 때렸던 일은 본의가 아니었음을 이해해주기 바란다.

단계 1: 화자는 자신의 과거 행위에 대해 언급하였다(대화상의
사실에 의해서).

단계 2: 청자는 화자가 대화에 협력하고 있고 화자의 발화가 지니는 특정 목적을 갖고 있다고 가정한다(대화협력의 원리에 의해서).

단계 3: 대화의 배경 가운데 청자는 화자의 과거 행위가 자신에게 부정적 정서를 주었는지에 대해서 알게 되었다(사실적 배경 정보에 의해서).

단계 4: 더군다나 화자는 자신의 과거 행위에 대한 이유가 본의가 아니었음을 청자에게 알리고 있다(사실적 배경 정보에 의해서). → 단계 4는 단계 5에로의 이동을 촉진시켜 주지만 본질적인 것은 아니다.

단계 5: 그러므로 화자의 발화는 단순한 진술이 아닌 다른 언표내적 목적을 지니고 있으며 청자는 단계 1, 2, 3, 4로부터의 추론을 통해서 화자의 또 다른 언표내적 목적에 대해 추리를 한다.

단계 6: 사과라는 언표내적 행위의 예비성 조건은 화자가 자신의 과거 행위에 대해 인식하고 있음을 내포하고 있다(화행론에 의해서).

단계 7: 그래서 화자는 청자에게 화자 자신의 과거 행위에 대해 사과한다는 예비성 조건을 함의하는 서술을 하였다(단계 1, 6으로부터의 추론에 의해서).

단계 8: 화자와 청자는 만나고 있고 일반적으로 상대방에게 부정적 정서를 전달한 사람은 사과를 한다(배경 정보에 의해서).

단계 9: 그렇기 때문에 화자는 사과의 예비성 조건을 만족시키는 것에 대해서 언급함으로써 청자는 화자가 청자 자신에게 사과의 언어 행위를 할 것인지를 알게 된다(단계 7,8로부터의 추론에 의해서).

단계 10: 그러므로 어떤 다른 언표내적 목적의 가능성이 배제된 경우에라도 청자는 화자가 자신의 과거 행위에 대해 청자에게 사과하는 언어 행위로써 이해하게 된다(단계 5, 9로부터의 추론에 의해서).

7.3.9. 간접 감사

> 예문) S1: 전에 내가 빌려준 돈에 대해 뭐라 말이 있어야 하는
> 것 아니니?
> H2: 아참, 그때 빌려준 돈 덕분에 살림에 큰 보탬이 되
> 었어. <u>네가 도와준 그 일은 아마 잊을 수 없을 거
> 야</u>.
> S3: 이거 완전히 엎드려 절 받기군. 도움이 되었다니 다
> 행이다.

단계 1: 청자는 화자가 자신이 과거에 그를 금전적으로 도와준 사실에 대해 언급하고 있음을 안다(대화의 사실에 의거해서).

단계 2: 청자는 화자가 대화에 협력적이고 화자의 발화가 어떤 목적을 갖고 있다고 가정한다(대화협력의 원리에 의해서).

단계 3: 대화의 배경은 청자가 과거에 화자를 금전적으로 도움을 준 행위에 대한 고마움을 드러내는 것은 아니다(사실적 배경 정보에 의해서).

단계 4: 이미 화자는 자신의 서술에 대한 청자의 반응이 긍정적이라는 것을 아니 최소한 부정적인 것은 아닐 것을 안다(사실적 배경 정보에 의해서). → (이 단계는 단계 5에로의 이동을 촉진시켜 주지만 본질적인 것은 아니다.)

단계 5: 그러므로 청자는 화자의 발화가 단지 단순 서술이 아닌 어떤 다른 언표내적 목적을 갖고 있을 것으로 추론한다(단계 1,2,3,4로부터의 추론에 의해). 그리고 청자는 화자의 목적이 무엇인가를 추론한다.

단계 6: 감사라는 언표내적 행위의 예비 조건은 화자가 청자의 금전적 도움이 화자 자신에게 도움이 되었다는 것이다(화행론에 의해서).

단계 7: 그래서 화자는 청자의 금전적 지원이 큰 도움이 되었음을 알고 있다는 예비 조건이 만족되는 것을 함의하기 위해 청자의 과거 행위를 긍정적으로 서술하였다(단계 1, 6으로부터의 추론에 의해서).

단계 8: 화자와 청자는 서로 대화하면서 도움을 받은 사람은 도움을 준 사람에게 감사의 표현을 하려고 한다는 것을 알고 있다(일반적인 배경 정보에 의해서).

단계 9: 그렇기 때문에 화자는 감사의 예비 조건을 만족시키는 것에 대해 서술하였다. 그것을 준수함으로써 청자는 화자가 청자 자신에게 무엇에 대해 얘기하고 있음을 알기를 원한다고 생각할 수 있다(단계 7,8로부터의 추론에 의해서).

단계 10: 그러므로 어떤 다른 언표내적 목적의 가능성이 배제된 경우라면 화자는 아마도 청자 자신에게 감사의 표현을 하고 있는 것으로 인식하게 된다(단계 5, 9로부터의 추론에 의해서).

7.3.10. 간접 경고

> 예문〉 여기 계신 분들은 안 그렇지만 간혹 늦게 오는 사람들이 있습니다.

단계 1: S는 청자가 H가 늦게 올 사건의 발생 가능성을 서술하였다(대화상의 사실에 의해서).

단계 2: 청자는 화자가 대화에 협력을 하고 있고 화자의 발화가 어떤 목적을 갖고 있다고 가정한다(대화협력의 원리에 의해서).

단계 3: 대화의 배경은 청자가 그 사건을 발생할 가능성에 대한 공론적 관심(시간에 늦게 오는 데에 대한 관심)을 표시하는 그런 것이 아니다(사실적 배경 정보에 의해서).

단계 4: 더군다나 화자는 아마도 청자에게서 어떠한 응답을 얻

을 목적은 아니다(사실적 배경 정보에 의해서). (이 단
계는 단계 5에로의 이동을 촉진시켜 주지만 본질적인
것은 아니다.)

단계 5: 그러므로 화자의 발화는 아마도 단지 질문이나 서술이
아닌 어떤 다른 언표내적 목적을 갖고 있다(단계
1,2,3,4로부터의 추론에 의해). 그렇다면 그 목적은
무엇인가?

단계 6: 경고라는 언표내적 행위의 예비성 조건은 청자가 명제
내용 조건 안에서 서술된 사건을 일으킬 가능성이 있다
는 것이다(화행론에 의해서).

단계 7: 그래서 화자는 청자에게 '늦게 오지 말 것'을 경고하는
예비성 조건이 만족되는 것을 함의하기 위해서 청자에
게 부담을 주는 발화를 하였다(단계 1, 6으로부터의
추론에 의해서).

단계 8: 사람들은 미래에 일어날 모임을 준비하기 위해 모여 있
고 앞으로 일어날 사건들에 대해 정보를 얻는 중이다
(배경 정보에 의해서).

단계 9: 그렇기 때문에 화자는 경고의 예비성 조건을 만족시키
는 것에 대해서 언급했다. 그것을 준수함으로써 청자는
화자가 무엇에 대해 언급하였는지를 알게 된다(단계
7,8로부터의 추론에 의해서).

단계 10: 그러므로 어떤 다른 언표내적 목적의 가능성이 배제된
경우에도 청자는 화자가 아마도 청자가 시간에 늦지 않
을 것을 경고하고 있는 것으로 알게 된다(단계 5, 9로
부터의 추론에 의해서).

■ 영문 색인

저자 소개

이 준 희

1962년 서울 출생
고려대학교 문과대학 국어국문학과 졸업
한양대학교 대학원 국어국문학과(문학석사, 문학박사)

현재 한양대학교, 건국대학교, 수원대학교, 신구대학 강사

간접화행

초판 인쇄 2000년 8월 22일
초판 발행 2000년 8월 25일

저 자 이 준 희
펴낸이 이 대 현
편 집 이 태 곤
펴낸곳 도서출판 역락
      서울시 중구 필동3가 28-19
      진성빌딩 306호
TEL   2268-8656
FAX   2264-2774

전자   YOUKRACK@hitel.net
우편   youkrack@hanmail.net

등 록 1999년 4월 19일 제2-2803호
      ISBN 89-88906-31-4-93810
정 가 7,500원